商品企画七つ道具 1 実践シリーズ

ヒットを生む商品企画七つ道具

はやわかり編

神田範明 著

日科技連

は じ め に

　前著『商品企画七つ道具－新商品開発のためのツール集－』出版は1995年であるから，ちょうど5年が経過した．この間に金融・証券・保険業界を筆頭に，自動車，電機・通信などは著しく変貌した．かつては考えられなかった銀行や証券会社の破綻がおこり，大型の合従連衡が次々に行われている．その他の産業でも劇的な再編やリストラが進行している．しかし，仕事を根本から革新する方法を考え，学び，実行する，その最も重要なことが大部分の企業でできていない．特に商品企画部門はすべての社員や関連会社が「これなら売れる！」と共感するような新商品をどしどし企画すべきであるのに，現実は，「ニーズがない」「アイデアが出ない」「新しい方向が見つからない」など悲観的な声が多く聞かれる．IT革命が進行し，巨大な情報を収集することが容易になってきたにもかわらず，成功率は相変わらず低いままである．

　このような背景のなかで，商品企画の確実な方法論を望む声はますます高くなっている．本書は大多数の企業の切実なニーズに応えるために執筆され，大幅に改訂された．成功事例を主観的に集めたり，机上の理論や思想を述べた本ではない．筆者らが実践活動のなかで改良を重ねて打ち立てた，パワフルな商品企画ガイドブックである．具体的には，本シリーズは次の諸点により類書とは異なる．

1. 商品企画を必ず成功させるシステマティックな手法集である

　マーケティング，創造科学，QC（品質管理）などでの企画・開発のための研究成果のエッセンスを取り入れ，なおかつ独自の視点からの手法開発とそれらの実践の成果を集約して「商品企画七つ道具（P7）」としてシステマティックな体系を提示する．商品企画七つ道具は定性的（感覚的，言語的）手法と定量的（論理的，数値的）手法の両面を融合し，バランスをとった手法集で，企画担当者の新たなるバイブルをめざす．

2. 実証された手法集である

商品企画七つ道具が単なる机上の空論ではなく，現実に多数の例で立証されていることを第3巻（2000年9月発行予定）で示す．現実に企業での商品企画に活用してヒット商品を生み出したパイオニアのミニコンポ，リコーのデジタルコピー機などの事例で市場に出た商品とそのプロセスを紹介し，企画の軌跡をそのまま掲載する．また，研修のなかで学生や企業人が作成したいくつかの優れた企画事例は本手法の潜在能力を立証する．

3. だれでもパソコンで簡単に使える

実用的なパソコンソフトの同時提供を行う．Windows版の商品企画ソフトPLANPARTNER（Excelベース）の開発が同時に進行した（第3巻参照）．各ステップごとにデータを入れれば確実かつ容易に処理を行う，従来にない商品企画専用ソフトである．これにより厄介なデータの整理や解析は瞬時に完了し，図表，フォームもパソコンから得られる．本書との併用を強くお勧めする．

本書により，すべての企業が顧客ニーズに応えた鮮烈な「感動商品」を創造し，高いシェアを獲得されることを願う．

なお，本書は前著と同様に（財）日本科学技術連盟内に設けられた研究組織，TRG内の商品企画WGメンバー6名が執筆を分担した．コラムもすべて6名で寄せ合った．今回の全面改訂の理由や経緯は本書巻末に付記する．ただし，思想は不変であり，前著の愛読者にも違和感なく読んでいただけるものと確信している．

本書での事例，資料などの掲載を快諾，協力いただいた各社の企画担当の方々，（財）日本科学技術連盟の皆様，日科技連出版社出版部の清水彦康，鈴木兄宏両氏，イラストの妹尾澄子氏をはじめ，大勢の素晴らしい方々のご協力で本書が生まれたことを特記し，ここに深く感謝したい．

2000年5月

神 田 範 明

本シリーズの構成と使い方

　本書は企画専門スタッフの実践業務および教育研修のための標準テキストをめざすが，研究開発，設計などの技術スタッフ，それらの管理職，さらにはトップマネジメント層も読者に想定している．また，流通・販売・サービス業を含むあらゆる企業およびコンサルティング機関，行政機関，企業指導機関，商工会議所，業界団体などで商品開発に深い関心をおもちの方々にも贈る．商品開発を学ぶ学生やクリエイティブな商品を創造したい起業家のためのテキストとしても，ぜひ活用していただきたい．デザイン・広告・営業・販売などの企画と密接に関連する業務の方々にも，多数のヒントが詰まっている．

　本シリーズは使い勝手のよさを旨として，3分冊構成とした．
　第1巻（はやわかり編）……全体のイメージ，意義，各手法のアウトライン，多方面への活用を端的に理解するためのテキスト．商品企画七つ道具とはなにか，早くやさしくわかるための入門書である．専門家でない一般ビジネスマン，管理職，学生にも好適である．神田が全編を執筆した（コラムは分担した）．
　第2巻（よくわかる編）……各手法の背景から注意事項までの詳細をきちんと学ぶためのテキスト．概要，解説，手順，事例と各手法ごとに体系的に叙述した．実践的に用いる企画担当者，設計・研究開発担当者，教育研修担当者，指導・研究者のための必携書である．
　第3巻（すぐできる編）……実事例，演習事例，実践上のQ＆A，パソコンソフト活用法を入れ，実践するうえでの重要な資料集である．これも本格的に使いこなす方々のための必携書である．

　通常1日以内のセミナー，研修，講演会などでテキストとして使用するなら第1巻のみでよい．内容を要領よく知りたい方も同様である．2日以上のセミ

ナーでのテキストや，実際に活用する方々は全冊おもちになることをお勧めする．たとえば1巻+3巻といった組み合わせで即実践というケースもありうるが，2巻があると現実に実施する際の細かな手順や背後の考え方まで十分につかめるので安心して応用できるようになる．同様に1巻+2巻のみで，やり方も理論ものみこめるが，3巻があると実践的なヒントまで得られる．

＊　＊　＊　＊　＊　＊

本書は，実践のためのテキストであるから，真にマスターしたい場合，通読あるいは講義のいわゆる座学のみで終わることは好ましくない．実際にグループや企画チームで簡単なテーマを決め，順序に従って実習してみることをお勧めする（2日以上の商品企画七つ道具セミナーでは大抵グループ演習を行っている）．この際，ぜひパソコンソフト，PLANPARTNERを活用されたい．商品企画七つ道具の唯一の欠点は計算の厄介な手法があることで，電卓ではとても対応できない．逆に，ソフトがあればあっという間にプロ級の分析や方向づけができる．特にExcelに慣れた読者にはこんなに便利なものはない．

演習などで手法に慣れてきたら，実際の商品企画業務に適用されたい．いきなり全部の手法をことごとく使いこなすのではなく，アイデア発想法，インタビュー調査あたりの定性的手法から入ると，文科系出身の企画担当者でも抵抗感が少ない．少しずつ枠を広げて定量的手法を導入するとよい．1つ，2つと増やすにつれて，しだいにニーズが見え，よいアイデアがでて，なるほどというコンセプトに落ち着くようになるはずである．だめだったなら，どこか見落としや誤りがあるはずであるからもう1度本シリーズを熟読されたい．不明なことがあれば巻末の著者らのアドレス宛に直接E-mailなどで相談をされたい．

大ざっぱな目標は「従来よりは売れる」の確率100%，「中ヒット以上」の確率50%である．大ヒットの保証はしかねるが，本書の方法をきちんと理解していただければ，なんら夢物語ではない．まず，失敗がなくなる．つねに失敗しなければ，ほどなく業界でも中位以上に立てるはずである．中ヒットを飛ばし続ければ，必ずトップグループに進出する．ときどき大ヒットをだせれば，業界トップもすぐそこである．

目　　次

はじめに …………………………………………………………………ⅲ
本シリーズの構成と使い方 ……………………………………………ⅴ

1　感動商品の企画とは …………………………………………1
　　―満足を超えて感動レベルへ―
　1.1　商品企画のシステム化 ……………………………………2
　1.2　売れる商品・売れない商品 ………………………………5
　1.3　技術優良企業・10のウィークポイント …………………10
　1.4　日本人の創造性 ……………………………………………18
　1.5　感動商品をつくろう ………………………………………21
　1.6　感動商品の公式 ……………………………………………28
　1.7　商品企画において克服すべき課題 ………………………35

2　商品企画七つ道具 ……………………………………………43
　　―これが感動商品への道―
　2.1　感動商品への商品企画 ……………………………………44
　2.2　商品企画七つ道具とは ……………………………………53
　2.3　必然のツール集＝商品企画七つ道具 ……………………55

3　商品企画七つ道具による企画の概要 ……………………65
　　―事例とともに理解する商品企画七つ道具―
　3.1　プロローグ　―商品企画七つ道具以前に― ……………66
　3.2　インタビュー調査 …………………………………………70
　3.3　アンケート調査 ……………………………………………76

3.4　ポジショニング分析 …………………………………83
　　3.5　アイデア発想法 ………………………………………85
　　3.6　アイデア選択法 ………………………………………92
　　3.7　コンジョイント分析 …………………………………98
　　3.8　品質表 ………………………………………………103
　　3.9　エピローグ …………………………………………105

4　商品企画七つ道具の活用 ……………………………111
　　―企画システムの確立と応用―
　　4.1　商品企画システムの確立 ……………………………112
　　　4.1.1　商品企画システム　112
　　　4.1.2　生産財メーカーのための企画システム　113
　　　4.1.3　技術シーズからの企画システム　116
　　　4.1.4　中小企業のための企画システム　117
　　　4.1.5　サービス業のための企画システム　120
　　　4.1.6　新規事業企画と商品企画七つ道具　123
　　　4.1.7　販売企画と商品企画七つ道具　125
　　4.2　商品企画とCSとの関係 ……………………………127
　　4.3　商品企画七つ道具システムの実践的応用 …………129
　　　4.3.1　商品企画七つ道具システムの成功事例　129
　　　4.3.2　商品企画七つ道具システムの導入　135
　　　4.3.3　商品企画七つ道具の簡略・変形版いろいろ　137

付録　商品企画七つ道具小史 ………………………………141

参考文献 ………………………………………………………147

索　引 ··151

───── コ　ラ　ム　の　目　次 ─────

① ヒット商品のヒント？！ ·· 41
② 喋らない人を喋らせる方法 ·· 63
③ リサーチせずに企画はできるか ······································· 109
④ 文科系と多変量解析 ··· 139
⑤ 神田ゼミと商品企画 ··· 146

感動商品の企画とは

満足を超えて感動レベルへ

「わーっ，高いけど，ほしーい！」
「どうして今までなかったのかしら」

私たちがめざすべき商品，それを感動商品と定義しよう．満足レベルを超えた「感動」を呼ぶ商品，それこそがこれからの目標でなければならない．100％の確率で売れる感動商品を企画する，それが本シリーズ全体の目標である．

1.1 商品企画のシステム化

険しい経済状況が続くなかで，筆者は日本の一般の製造業やサービス業は次の4点に生き残る道があると確信する．

1. 国民全体としての購買力がダウンしたとはいえ，すべてが疲弊しきっているわけではない．売れている商品と売れていない商品との格差が明白になってきている．

    したがって，いい加減な，半端な商品は買わないだけで，必需品はなるべくエコノミーに，贅沢品は減らすという傾向になる．どうせ買うなら付加価値の高い，本当に気に入ったものだけを買う．これは逆に，「どうでもいい商品をつくるな！」という，消費者からの強い警告である．みんなをあっといわせるほどの素晴らしい商品を提案すれば，決してヒット商品がでないわけではない．この金利のごく低い状況下であるから，ローンもたやすい．住宅，自動車，家電などの耐久財は購入する側からすればチャンスのはずである．情報関連は相変わらず購買意欲旺盛であり，ノートパソコンやデジタルカメラが矢継ぎばやに新商品を放っても，どしどし売れている．ソニーのVAIOやアップル社のiMACが大ヒットを放って人だかりのできている光景は，多くの百貨店の閑古鳥から見れば異様ですらある．健康関連も百花繚乱，値段の高い有機栽培の農作物も不景気などどこ吹く風である．これは，開発の方向が顧客のニーズをしっかりつかんでいれば必ず売れるという証拠である．いわば「方向の認識」である．

2. 日本の研究開発投資は対GDPではすでに世界一，技術貿易収支も輸出型に変わりつつある．実際，どの企業に伺っても技術力は抜群に高い．世界に冠たる要素技術がいくらでもある．そのわりには，休眠特許が多く，4

〜5割は応用されていない．大企業では8割以上も眠っているところがある．まことにもったいないかぎりである．これをもっと活用して素晴らしい商品を企画し，世界に対して提案すべきである．アジアや中南米諸国がいかに日本を追い越そうかと虎視眈々と狙っても，この高度な技術の蓄積はやすやすとは突き崩せない．開発計画のなかに用途開発をきちんと入れ，専任スタッフを置いて他企業や大学，研究機関との連携をとり，どしどし商品化をはかるべきである．いわば「技術の活用」である．

3. 生産技術と管理技術，そして情報技術の進歩により，生産拠点は世界中いたる所に確保できるようになった．情報革命の進行するなか，これらを理解し活用できる世代に経営を譲り，社内の雰囲気や組織を一新すべきである．

　若い実力のあるスタッフを中核として社内のあちこちからファイトのある者を集め，革新的な新商品開発チームをつくる．これが大切である．いわば「人の活用」である．

4. システマティックな方法論の導入．やる気があることはすべての基本だが，精神論だけでは大抵失敗する．しっかりとした方法，手法が確立され，それをベースとした流れが定式化されることが必要である．つまり「システムの確立」である．システムというとがっちり組まれて息が詰まるような堅いものを想像して「企画のシステムなどつくったら自由度が減り，ユニークな発想がでなくなる」と誤解する向きが必ずでよう．

　私たちが提唱する商品企画システムは厳格な意味でのシステムの定義にもきちんとあてはまる（4.1.1節，第2巻1章参照）が，縦横に改変ができる．しかも自由な発想を妨げるどころか，常識をひっくり返す発想法でジャンプすることを推奨する．逆に従来あいまいに扱ってきたところは緻密にし，メリハリをはっきりつける．イメージ的に表現すると図表1.1のようになろうか．

日本人の消費構造が成熟し，本質的に低成長の体系に変わったにもかかわら

図表 1.1 従来型と商品企画七つ道具型の商品企画のイメージ

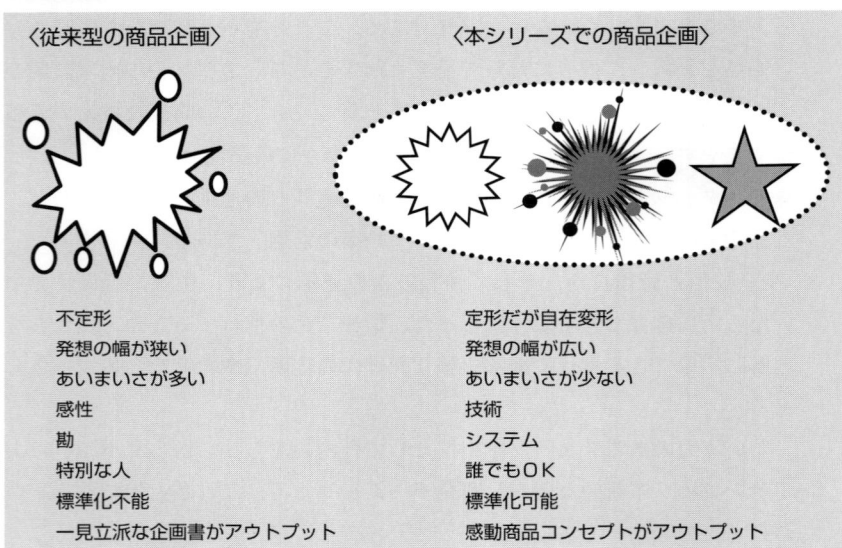

ず,一部の有力企業は別として多くの企業は商品開発の「システム」を革新していない.さらに,われわれが今後能力を傾斜的に集中すべきなのは開発の全プロセスのなかでは最初に位置し,全体の方向を決定づける部分,「商品企画」である.世界一といってもよい研究開発力,生産技術力をもってしても「なにをつくるべきか」は導けないし,導くべき有効な「システム」を確立していない企業が大半だからである.How to(どうやって)ではなく,What to(何を)が肝要である.通常の経営書であると,What to を考えよ,で終わるが,それではまるで重病人に向かって「とにかく元気を出せよ」というに等しい精神論である.今,企業が求めているのは How to "What to"(なにをつくるかをどうやって導くか)である.

日本の商品企画のシステムは,それに続く精緻で優秀な研究・設計・製造のプロセスから見るといかにもお粗末である.商品企画は感性やひらめきの世界などと称してはばからない経営者やスタッフが大手を振って闊歩している.感

性やひらめきを否定するものではないし，センスのよい企画担当者の欠如は「面白くない商品」や「真似商品」を蔓延させる．が，それでも改良の余地は広大にある．技術一流の企業であっても，企画二流（三流？）といわれても仕方がない現実がここにある．商品企画力のレベルアップこそが日本企業の抱える最大の課題であると考えている．

よくいわれてきたように，日本では改良型商品や小細工の効いた便利商品は多いが，画期的な新商品は少ない．特許の件数では世界のトップレベルに立っているのだが，その特許から得る収入（＝その技術の応用の程度）は米国に大きく水をあけられている．さらに，マーケティング・センスのよい画期的な新商品は，まだまだ少ない．個性化したとはいえ，相変わらず業界横並びの商品を続々と出している企業があまりにも多いのは，あきれるばかりである．経営者と企画担当者のセンスを疑う．少なくとも，本書のテーマである，創造的新商品開発という言葉がまだ目新しく聞こえるうちは，読者自身の企業は新商品開発に良好な状況とはいえないはずである．

そうはいっても，一貫した企画の流れと有効な手法を具体的に提案した著作はきわめて少ない．経営者の戦略，組織の在り方は大変重要で，それが経営の根底にあることは当然である．しかし，普通の企業の普通の企画部門やプロジェクトチームなどが継続的に活用でき，次々とヒット商品を生み出し続けるシステマティックな方法論の提案もあっていい．トップ層の交替や風通しの悪い組織の制度改革，あるいは社風を改めることはまことに正当で基本的な方法論だが，困難で時間のかかることが多い．それはそれで時間をかけてやっていただくとして，現状のメンバーでもでき，やっているうちに自ずから開発力がつき，ヒット商品が生まれる確実な方法論こそがすぐにも必要である．

1.2 売れる商品・売れない商品

売れる商品と売れない商品の区分がはっきりしてきた．

確かに経済の見通しとしては，今後は決して悪くないのだが，問題は企業がどこまで根本的な体質強化をはかったか，である．売れない時代から急になんでも売れるバブル時代に時計が逆回転するわけではない．むしろ，「売れる時代はもう来ない」と考えたほうがまともなビジネスをめざすみなさんにはよい．回復しても日本全体としては低成長である．ひたすら腰を据えて体質強化をはからなければいけない時代が続く．

図表1.2は日本経済の状況を平たく表現したものであるが，このなかで筆者が最もいいたいのは，企業側の努力不足，とくに商品企画力不足である．一生懸命やっているのはわかる．

しかし，それでもなお，なにかが違っている．食品業界では（物によってもかなり違うが）新商品を出して1～2年後にも売っているものはほんの数パーセントである．あっという間に消える商品を毎年大量に出している．競争が激しく，「スーパーやコンビニの限られた狭い棚を確保するために出す」といった新商品もある．数週間で撤退しても，実験と思えばよいとか，顧客が少しでも喜べばよい，といった余裕のある考えもあろう．

迅速な経営とか，顧客の変化にスピーディに対応する経営とかがもてはやさ

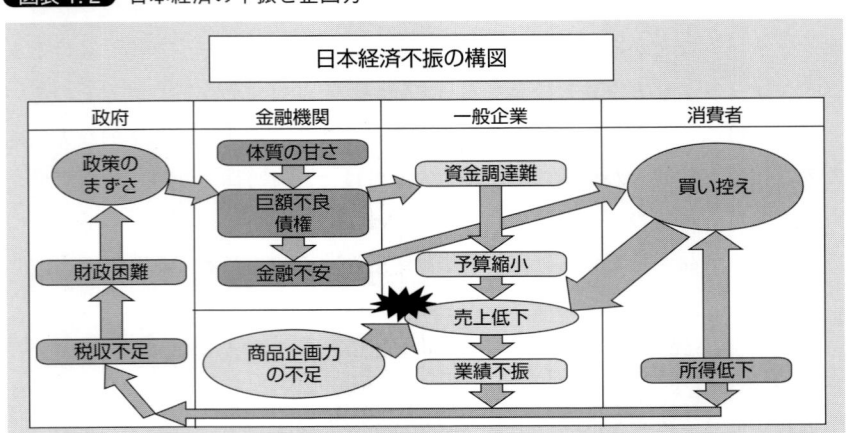

図表1.2 日本経済の不振と企画力

れる．一方では，たっぷり時間と費用をかけたハリウッド映画や日本のアニメ映画，開発にじっくり時間をかけた花王の超優等生商品クイックルワイパーや，シャープの液晶ビューカムのようなメガヒット商品がある．真に革命的で独創的なものは常識とは異なる以上，技術開発上の困難さが生ずることが多いため，そうやすやすとでるものではない．早くするに越したことはないが，拙速型の企画はもうやめるべきである．

　多くの当たらない商品のために，企画・研究開発・設計・試作・量産設計……と莫大な費用をかけても，回収できぬまま生産中止となるであろう．その多大なロスは結局全経費のなかで吸収されるから，顧客は実は相当割高な商品を企業の責任において買わされていることになる．そう考えると売れない商品は環境問題にも大きな影響を及ぼしている．日本全体，世界全体ではどれほどの無駄遣いをしているのか．原材料や部品調達，製造工程で，あるいはオフィスの紙削減や出張費節約など，企業は地道で厳しいコストダウンの努力をしているが，その節約額など軽く吹っ飛ぶのは間違いない．「わからないことは多いし，失敗を見越してビジネスが成り立てばよい」というのも勇ましい論理の1つだが，仮に現在10%の成功率が50%になったらどうなるだろうか．9割の失敗品にかかっていた莫大な経費が成功品に向く分，より優れたヒット商品を生む可能性が高くなる．また，企業イメージやブランドの信頼性が増し，広告宣伝も十分にでき，いやがうえにも売れるようになる．市場での評価が高まるので当然株価が上がる．従来廃棄していた商品，部品，原材料とその製造に要したエネルギーがそっくり有効に活用されるので，環境に及ぼす膨大な影響が明らかに減少する．ISO 14000に血眼になる前に，自社で毎年出している最大のゴミ（＝売れない商品）を一掃してほしい．

　品質管理の専門家をつかまえて，「当社の良品率は80%です」と言ったら飛び上がってしまうであろう．「ひどすぎる」という意味である．話が商品企画になると途端に成功率が下がるのは，相手が見えない顧客集団だからであろうが，筆者は，せめて50%の確率で顧客が喜んで購入する商品に仕上げてほしいと願っている．本書での最終目標は当然100%である．

第3巻で詳細に紹介するが，商品企画七つ道具を導入して最近顕著な業績を上げている会社がある．パイオニア株式会社のホームエンタテイメントカンパニーである．ミニコンポ，CD，MDなどの音楽を聞くための機器で，パーソナルで若者向きという色彩の強い商品を扱っている．商品企画システムの改革を試みようとした同社は，業界6位と振わないミニコンポを最初の対象として選んだ．

　1998年から1999年にかけての1年間で，商品企画七つ道具を用いて企画し，発売した商品3種類はすべてヒット商品となり，成功率は100％となった．MD付きの機種は対前年比2倍のペースで売れ，ついにシェアはほぼトップとなった．たった1年間である．

　ここに，『朝日新聞』1999年4月26日号の投書欄「声」に掲載された会社員の投書の要旨を紹介しよう（文字強調は筆者）．

＊　　＊　　＊　　＊
「価値があればお金使います」

H. K. 氏（東京都　37歳　会社員）

　週末に近場の海外へ行こうと思ったら，飛行機が満席で予約が取れなかった．ほとんどの週末は予約で埋まっていたのである．「平成不況」と言われて久しいが，本当なのだろうか．

　携帯電話を使う人がこんなに多いのは？　目の前に公衆電話があるのに．

　世界一周の豪華客船の旅が来年の予約までいっぱいなのは？　飛行機の方が安くて早いのに．

　コンサートのチケットが売り切れになるのは？　CDやビデオでも楽しめるのに．

　高いお金を払って英語教室やスポーツクラブに行く人が多いのは？　ラジオ講座や公共の施設を利用すれば数百円で済むのに．

　このように見てみると，消費者は決してお金を出し惜しみしているわけではなく，むしろ使う価値のあるものに対しては積極的にお金を使っているのであ

る．

　消費者の心をとらえるものをつくり，サービスを提供すること．この当たり前のことを忘れてはいないか．

＊　　　＊　　　＊　　　＊

　この方の意図は
① 消費者は価値ある物には投資を惜しまない．
② お金がないわけではない．
③ 企業がもっと価値ある商品を市場に出すべきである．

の3点に集約されよう．実に明快に，現在の「消費不況」といわれる経済状況を象徴している．みんなが貧しく，貯蓄がなく買おうにも買えない開発途上国の状況とは異なる．いってみればかなりの贅沢不況である．心理不況といってもよいであろう．

　筆者はこのような消費者の動向を図表1.3のように考えている．要するに「損をしたくない」から，選択眼のある人は上質型商品へ，一般の人は低価格商品か定番的（売れている）商品，話題の商品，みんなが買う商品に走る．売れる物はますます売れるが，あいまいな，中途半端な商品はまったく売れない．この動向は今後当分続くであろう．ただ，上質型といっても，いわゆる品質レベルが高いというだけの意味ではなく，後述する「感動商品」のニュアンスを

図表1.3 近年消費者の商品購入行動

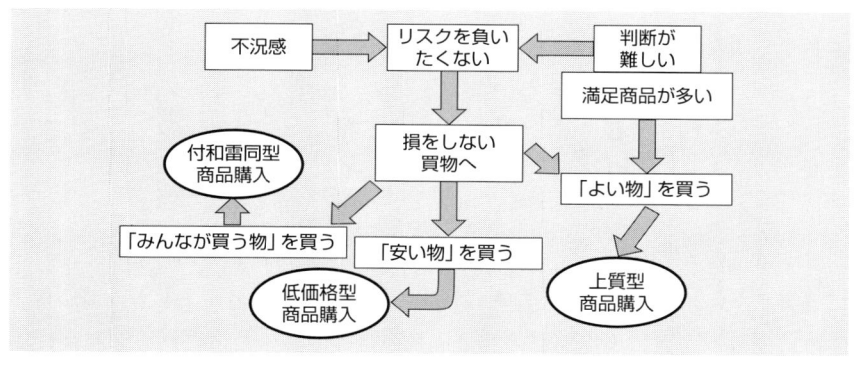

図表1.4 負のスパイラル

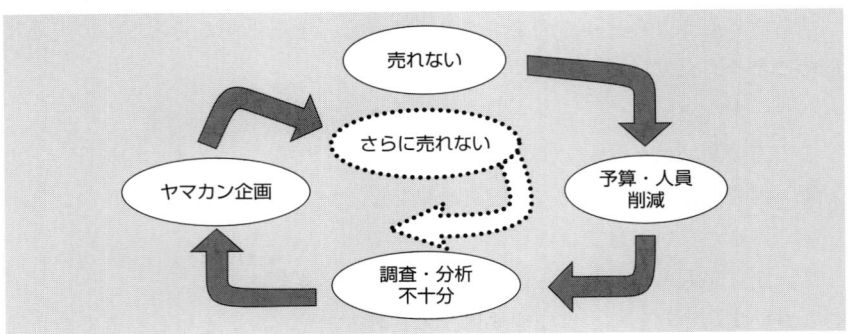

含んでいる．つまり，品質が高いか，（それ以上の）感動するような価値を有するか，のいずれかである．

さて，このような状況は商品を考え，提供する側からすると従来になく困難な環境である．商品企画の仕事の意味をきちんと考え，真剣な改善努力をしないと絶望的な負のスパイラル，すなわち売れない→予算・人員削減→きちんと調査・分析ができない→いい加減なヤマカン企画→さらに売れない→さらに予算・人員削減→……に陥り，10%にも満たない成功率になる（図表1.4）．これはもはやギャンブルである．買う側から見れば（無駄が多いという意味で）たまったものではない．

大型の耐久消費財や生産財ではこれほど極端な話にはならないが，ニュアンスとしては大同小異である．

1.3 技術優良企業・10のウィークポイント

日本は技術大国であるが，企画大国ではない．技術力で成長してきたといって過言でない．それはとても素晴らしいことである．筆者が子どもの頃から学生の時期は，まさに疾風怒濤の経済成長の時代であった．だれもが懸命に働

き，アジアの貧しい国が世界の知識・技術を学びとって経済大国に仲間入りした驚くべき高成長の時期であった．ところが，それは「つくるべきモノ」「研究すべきモノ」が見えている，とくに「追いつき，追い越せ」の時代だったために目標やテーマが明快であった．日本人はこのような状況では，企業や集団のなかで容易に意思統一ができ，猛烈な集中力を発揮する．ところが，トップレベルに到達し，「あとは自分で考えよ」といわれる今日，多くの問題が発生している．とくに技術的には優秀な企業でそれが顕著に見られる．そのポイントを10点ほど挙げてみよう．あなたの会社がこの7～8項目以上に該当するなら状況は深刻といわざるをえない．

（1） 成功体験が続き，危機意識が希薄
（2） 品質，技術こそすべてという風土や社是
（3） 企画システムがない，またはあいまい
（4） 横並びの商品開発が多い
（5） マーケティングセンスがない
（6） 観察・調査の不足で顧客が見えない
（7） よいアイデアがでず，固定観念のカタマリ
（8） 企画での事務・営業系の活用ができない
（9） 外部機関の活用が下手
（10） そしてまだ，技術過重視

以下に各々の概要を述べる．

（1） 成功体験 → 危機意識が希薄

技術優良企業ほど，過去の成功体験が豊富である．特別な企画はなくとも，アイデアや見本が外部にあれば，それを
- いかに早く
- いかに安く
- いかに品質よく（できれば見本をしのぐくらいに！）

つくるかがすべてである．これはまさに技術力の勝負である．したがって技術

優良企業でないと，勝者にはなれない．企画力よりも，技術力で成功してきただけに，「技術さえあれば，なんとかなる」「そのうち素晴らしいモノをつくれる」「他社に負けるはずがない」といった誤解が社内に蔓延する．危機意識がなく，うちにかぎっては大丈夫，と思い込んでしまう．とくにトップ層にこのような意識の強い人が鎮座していて，組織改革のスピードが遅い大企業は危険である．

（2） 品質，技術こそすべて

品質管理は人間の食事のようなもので，体全体（＝企業全体）の維持にきわめて重要である．きちんとこなさないと病気（＝不良，クレーム）の元になり，かつての米国企業のように顧客から排撃される．しかし，食事がよくて体が元気（＝きちんとよい商品を製造販売している）だからといって，今までと違う新しい才能（＝新事業，新商品）を発揮できるか，というとなかなか難しい．各固有技術は瞬発力，器用さ，センス，記憶力，論理性など多様に分かれた体や頭脳の個別の能力に似ている．体は元気，個々の能力も高く，仕事上の欠点はとくにないが，なんら新しいことにチャレンジできない人がいる．自己の活用できる力を自覚して，コーディネートし，新しいことに振り向ける能力がなければ，個人も新規の分野には飛びだせない．

これは企業でもまったく同じで，企画力は技術の高さと直接的な関係はない．企画を実現するのに技術力がないと不利であるが，技術力一流，企画力二流・三流という例は数多く存在する．とくに，技術力に大差がない業界では，企画力こそが明暗を分ける最大の要因となる．

（3） 企画システムがない

ここでいう「システム」とは，コンピュータで業務を行う意味ではない．商品企画を行うためのきちんとした業務の流れや手法の体系が明確になったものをいう．誰が企画担当になっても，あわてず騒がずある程度のことは失敗なくできる，これが企画システムである．

現実は人に依存し，経験と勘と度胸（略してKKDという）で決することがかなり多い．判断と意思決定のルールがないから，つねに右往左往する．責任

を回避し，安全側の決定を好む．その結果ユニークなもの，あっと驚くような企画は日の目を見ない．そうなると，そもそもユニークな提案すらでてこない．だしても無駄となればそれは自然の成り行きである．たまに有能な人材が強力に主張した企画がヒット商品になったりする．「彼（彼女）がいたからできた」企画はシステムの所産ではなく，人の所産である．私たちがめざすのは人の影響はプラス側のみとし（プラスに作用するのは歓迎，マイナスの影響はゼロ），少なくとも絶対に失敗しないシステマティックな方法論である．さらに，きちんと実行していれば中程度のヒットは望める，そのようなシステムである．もちろん優秀な担当者がファイトをもって徹底的に実施すれば大ヒット商品を生めるようなシステムであってほしい．経営者が壮大な夢を抱き，強力なリーダーシップと才能ある企画スタッフでぐいぐい押し進めることができれば，実は企画システムなどどこ吹く風である．それは経営活動全般に言えることである．ただ，経営者も企画スタッフも永遠には続かない．システムがないと，いったん崩れたときの反動のひどさも覚悟しなければならない．

（ 4 ）　横並びの商品開発

これからは，他社が出した商品を真似てだすのはやめるべきである．高い独創性こそが顧客の尊敬と信頼を生み，シェアを伸ばす元手となる．家電業界ではファジィがはやればみんなファジィ，平面 TV がヒットするとみんな平面 TV，昔から「右へならえ」がよほどお好きと見える．他の業界でも，これを非難できる自信のある人はあまりいないであろう．

米国 3M 社は，社員の独創的提案を重視することで有名である．同社の原則の 1 つに，「汝，アイデアを殺すなかれ」というのがある．詳しくは，「上司は，部下が提案したアイデアを，明らかに失敗すると証明できないかぎり，却下してはならない」つまり，原則として研究したり，試したりするということである．これはかなりの研究投資をすることになるが，その分，成功した 1 つの発明・発見を多面的な応用商品化により一気に回収する．これは優れた思想である．多数の商品化をしながら，その失敗によるロスを商品購入者に押しつけ，見かけ上は活発な商品開発を行っているどこかの会社とは正反対ではないか．

ソニーは昔から日本のなかでは数少ない独創的な商品開発を行ってきた．もちろんすべてが成功したわけではないが，世界中にソニーブランドを浸透させた小型ラジオ，ウォークマン，おしゃれなノートパソコン，DVDを組み込んだゲーム機など，次々に話題となる新商品を提供し，世界中から注目を集め続けてきた．彼らが果たして優秀な技術力のみで成長してきたのか．もちろん技術は優れているが，他社の追随を許さない，という商品ばかりではない．重要なのは，なにが今後好まれるのか，なにをつくればみんなが飛びつくのか，その先見性のある商品企画力である．エンターテイメント性を基本に据えて他社とひと味違うモノを提供する姿勢・社風である．技術レベルは大同小異となり，各社が商品企画の方法論に注目しつつある現在，ソニーといえどもその牙城は安泰ではない．逆に他社も商品企画力の強化により容易に第2，第3のソニーとなれる．

（5） マーケティングセンスがない

マーケティングセンスというのはあいまいな表現だが，要するにきりっとした調査・シャープな分析を通じて切れ味のよい結論をだしているか，ということである．いつまでもだらだらと堂々めぐりの議論ばかりして結論をだせず，「なるほど！！」という新鮮な企画の方向が見つけられない，よいアイデアがでない，アイデアがでてもそれを活かせず，他社に実現されてしまう，……などのことである．多くは，マネジメント層や担当者の感性と方法論の不足がもたらしている．方法論の不足は本書により補うべきである．補いすぎても，不足しても適切な方向を見出すのが難しい．

感性の良否は同じ調査や分析をやっても切れ味のよい，明快なレポートをだすか，ふわふわしてわからないものをだすかで判断できる．

（6） 観察・調査の不足→顧客が見えない

これは（5）とも関連するが，具体的な方針と方法論がしっかりしていないために，顧客が見えないという現象である．顧客が見えないとは，顧客の生活，感情，夢，理想，不安，不満などが見えないことを意味する．生産財の場合には，それを個人から取引先企業の状況，将来計画，問題点などに置き換え

ればよい．

　顧客をもっとじっくりと観察すべきである．顧客のところに出向き，あるいは顧客に集まってもらって，十分に意見を述べてもらい，実際に使用の場面を見せてもらうべきである．それだけで大きなヒントを得ることができる．パソコンメーカーはパソコン所有者の自宅に行って直接意見を聞く．自動車メーカーは車の集まる場所でどしどしインタビューする．証券会社は投資家に集まってもらう．家電メーカーは個人の家にお邪魔して使用状態を観察する．病院は患者に医療現場で問題点を聞く．ロボットメーカーは生産ラインにお邪魔してどのように使われているか観察する．

　最も使用現場に近い所で，その環境や使用条件まで加味して意見を求めるのはきわめて刺激的で実感が湧く．発想のヒントも詰まっている．そこに他社品との比較評価もでてくると，なお効果的だ．

　このようなリアルなプロセスから仮説を立てる習慣をつけよう．

（7）　アイデア→固定観念のカタマリ

　創造性については1.4節でも検討するが，日本人の素質としての創造性はなんら問題ない．問題は，それを伸ばし，活かすシステムが学校教育や企業活動のなかで十分なかったことである．とくに，①技術者集団的な色彩が強く，②機械系，電気系など同じ専門分野の人が多く，③独自商品を開発した経験が少なく，④歴史が古く，⑤若い人が少ない会社ほど固定観念が強い．全部にあてはまれば相当なものであろう．

　今からでも遅くない．生き生きした発想のできる創造的企業になる道を選ぼう．それには，次のことを実行することである．

①　まず経営者自らがその決意を固め，社員に表明すること．
② 　発想を大切にするシステム，取り上げる制度をつくり徹底すること．提案制度があるのにろくな提案がでないなら，名称も報奨も審査制度もすべて変える．時間，予算を与えて提案を実現できる道をつける．
③ 　成果を大々的に（オーバー気味に）表彰し，公表する．できれば，社外発表すらも行う．

④ 昇進や昇給のポイントとする．
⑤ よいやり方，手法を積極的に教える場を設定する．とくに，それを活用して成果のでた人が直接教えるのが最もよい．

（8） 事務・営業系の活用ができない

前項（7）とも関連するが，事務・営業系の人を商品企画に加えない企業も多い．理由を聞くと，多くは「彼らは技術的内容がわからないから（できない）」という．事務・営業系の人自身も，自分たちにはできないという．これは「企画」と「開発」を同一のものととらえる誤解または錯覚である．いくらなんでも，自社の商品がどんなもので，その特長を答えられないような人はまずいが，そうでなければ，事務・営業系の人をぜひ商品企画チームに入れるべきである．

あるパソコン会社の企画チームの人と会ったとき，全員が電気系の技術者であった．理由は簡単，スペック競争に勝つのが企画と「思い込んでいた」からである．ハコ（ボディ）はそのスペックを入れる入れ物でしかないから，スペックが決まったらそれに従ってデザインを専門家に依頼するだけである．その時期にソニーは「もち歩きたくなるデザインのボディ」から企画してVAIOシリーズで決定的な大ヒットを飛ばした．

固定観念で固まった「優秀な」10人を集めるより，さほど優秀でなくとも発想が自由で幅の広い3人を集めたほうがよほど成功の可能性が高い．異分野，異能は開発よりも企画段階でより必要である．そのためには，事務・営業系から何人かをスカウトする（または社内公募する）ことで集めるべきである．

とくに営業職の人は顧客と接するために顧客の不満，要望，願望などを理解し，顧客を代弁することができる．これは重要なことである．ただ，営業といっても販売店，代理店などの中間段階までしか回っていないなら必ずしも当てにはならない．最重要なのはエンドユーザーである．

ある会社で自動販売機の開発について話を聞いているとき，市場調査や満足度調査の話がでてきた．どうも話が見えないのでよくよく確認したら，調査の相手はドリンクのメーカーや販売会社（要するに，自販機の納入先）であっ

た．一般消費者はほとんど調べてはいなかった．「売る側」の都合のみで考えてしまうことが定着すると，その思考様式を破る画期的な商品は企画できない．

事務職の人の発想は開発でも営業でもない，一般消費者に近い．とくに一般職の女性はそうである．社内にたくさん埋もれているので，活用しない手はない．

（9） 外部の活用が下手

外部の調査機関，研究機関，コンサルティング会社，専門技術をもつ企業を上手に活用することも必要である．1つの企業が有する知識・経験などしょせんは有限であり，高度な知識，経験は外部に頼らざるをえない．環境対策用品，健康機器，介護用品，レジャー用品など，今後伸びが期待できる分野は融合的な知識を必要とする．健康機器を例にすると，健康そのもの（医学，薬学，看護学など）については医科系大学との協調が，電子的な測定についてはセンサーや計測の技術が，駆動装置についてはそのような部品のメーカーの技術が要る．自社の技術にない部分はどしどし提携・導入・支援を要請し，契約を交わして活用すればよい．

調査なども，自社で相当扱えるくらいの知識経験がないとなんでも調査会社におんぶしていてはいつになっても企画力が向上しない．実際に調査してデータ収集する部分は外部に依頼しても，調査票の設計やあとのデータ解析は自分の手で行うように努力すべきだ（2.1節（5）を参照されたい）．

（10） そしてまだまだ，技術過重視

なんのかんのといっても，製造業は技術系重視の風潮があり，昨今のリストラでますます事務・営業系は不利な状況にある．文科系学生の優秀な層は製造業を嫌うようになる．まだまだ，どころか，ますます技術過重視にならなければよいが，と心配している．

1.4 日本人の創造性

（1） 日本人の創造性は低いか

　日本人は模倣と改良はうまいが，まったく新しいものは生めないと批判され，それが「国民性」の名のもとに固定観念化されている．しかし，日本の懐石料理の驚異的な芸術性，創造性に疑いをさしはさむ余地はない．先進技術のみならず，美術，音楽，文学，華道，ファッション，ゲーム，アニメなどが海外でしだいに認識されるにつれ，日本人の創造的能力の評価は高くなっている．

　「模倣」はどの国でもしていることで，いうまでもなく米国はヨーロッパ文化の延長線上に独自の文化を樹立してきた．1980年代からの経済再興は日本の優れた品質管理や生産システム，組織運営のあり方などを学んで企業を活性化させ，それに個人の高い投資意欲（貯蓄意欲ではない！）が重なってきたからである．今や「模倣」は，世界の最高レベルに学べという「ベンチマーキング」として多くの企業が実行しているところである．

　日本は戦後経済復興を急ぐあまり，極端に模倣を取り入れた．よい見本が欧米にありすぎた．自ら考える必要もないし，考える余裕もなくそれを導入してきた．ただし，模倣しようとしてもそれができる（つまり高度の柔軟性を備えた）国民とできない国民があることは注意すべきである．また，封建制度が長く続いた日本ではそれが崩壊しても，自らの内からの欲求としての爆発的・革命的民主化ではなく，外圧による民主化であった．そのため容易に代替制度として企業社会が発達し，集団主義が徹底した．集団主義では個人が本来もっている創造的活動は抑制され，突出をさける自己管理が行われる．自由に創造性を発揮させるより，効率よく模倣させる商品開発のほうが早く安い．

（2） 日本型教育と創造性

　ここに教育の果たしてきた役割は大きいといわざるをえない．戦前の皇室中心思想による徹底的な全体主義は，いくら払拭しても戦後のリーダーたちの意識の底流に残っていたし，教育の民主化改革の行われた戦後でも，個人能力伸

長主義は一部の先見性のある私学の実験的試行にとどまり，多くは「民主化＝不平等をなくす」という，悪平等ともいうべき集団主義が「目立ってはいけない」という意識を深く潜行させた．変わった服装や言動，所有物はみんなから疎外され，嫌われる．

関西の某大学の講師をしていた落語家桂文珍氏は，ある朝，雨のなかを濡れながら駅から大学まで歩く羽目になった．そのとき，彼の講義の受講生がいるにもかかわらず，だれも傘のなかに入れてくれなかった．氏はたいそう立腹し，あとで何人かにそのことを尋ねると「気に入られようとしている」「目立とうとしている」と仲間に思われるのを嫌ったといい，氏は唖然とする[14]．このような意識は彼らのなかに深く息づいている．個人主義になったといわれ，マスコミは派手なスタイルの気ままな若者ばかり映し出すが，学生の行動・意識は一般にプラスの個人主義（積極的に自己主張し，自分の個性を活かす）ではなく，マイナスの個人主義（目立つことはせず，個人と小さなグループの楽しみのなかに生きがいを見出だす）がきわめて多い．文珍氏の例は極端であるが，大学教員の間の会話では「講義中に質問する学生が皆無で反応がない」「私語が多い」が常識的になっている．

とくに，大学文科系では伝統的に過去の資料を「読みこなす」ことに学習・研究の重点を置いているところが多いため，企画のように「新しい（＝世の中にない）物」を考えなければならない分野ではめざす方向が180°異なることになる．もちろん基礎的な情報源から新しいものを探索することも重要な仕事ではあるが，それ以上に，シャープな創造力を鍛えるチャンスがぜひ必要である．文科系出身者は解析力では理科系出身にひけを取るが，いわゆる「タコツボ型技術者」に比べて発想がはるかに柔軟で視野が広く，技術の専門家ではないから，より消費者の見地に近い．文科系出身者こそが企画の第一線を担当すべきである．具体的には，教育の現場に，基礎的創造力トレーニング，自己主張，プレゼンテーションの機会をもっとふんだんにつくること，一方的講義を改めて学生の主体的な思考を促す演習・実習を頻繁に実施すべきである．そのうえで，問題解決や発想技術，調査・分析の技術をカリキュラムのなかに組み込む

べきである．

（3） TQMと創造性

TQM（Total Quality Management，全社的品質管理，従来はTQC）は日本人を「改善には長じるが，創造性の乏しい働きバチ」にしたという意見がある．では，TQMがなかったら創造的な活動ができたのか．多くの誤解は，TQMのなかでも，製造現場でのQCサークルしか見ていなく，しかも一面的にしかとらえていないことに発する．TQMは企業全体を巻き込む組織的な運動として改善への意識を高め，創意工夫，提案などの形で強力なインセンティブとなった．周囲の「やろう」という意欲に，成果への報奨が加われば，だれもが懸命になる．加えてQCサークルによる集団での問題解決は解決の喜びも倍加し，仲間との親密な関係が構築される．とくに今までものをいわないように仕向けられてきたラインの作業者たちが企業の品質を担う最前線と位置づけられたのだから，世界的に見て革命的な進歩である．TQMに長じた企業では，上の方針は「方針管理」で部課長レベルにまできちんと伝達される．中堅スタッフ層ではSQC（Statistical Quality Control，統計的品質管理）が普及し，データや過去の事例にもとづいて検討し，分析結果から改善・改革の指針をだしている．データを取り，蓄えて活用できるコンピュータ環境が整ってきたことが背景にある．インターネットをはじめとするネットワーク技術がこれを加速している．

学校教育で教えられなかった問題解決技術は企業のなかのTQM教育やOJTで花開いてきた．この過程のなかで普及した手法がQC七つ道具（パレート図，特性要因図，ヒストグラム，散布図など），および発想法としてのKJ法，ブレーンストーミングである．また，近年は新QC七つ道具，SQCツール（実験計画法，多変量解析など）が果たした役割も大きい．これらのツールを教育し，縦横に駆使しながら問題解決に挑み続けた結果が，トヨタグループのような高度に創造的な成果を生んだのである．

写真 1.1 ALLESI（アレッシィ）社の商品

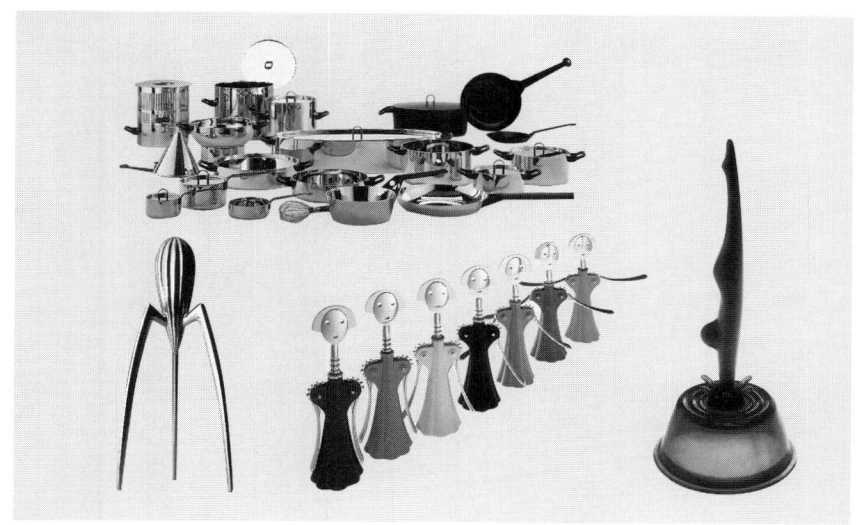

1.5　感動商品をつくろう

　売れる商品とはどのようなものか．1.2 節の投書ではないが，売れている商品はいくつでもある．その理由は個々に見ると異なっているようではあるが，なにか共通するものがあるように思う．まず，いくつかの筆者のお気に入りの商品を紹介しよう．

（1）　アレッシィ社の商品（写真 1.1）
　最近おしゃれな雑貨として抜群の人気を集めているイタリア製のグッズで，いずれも値段は相当に高い．世界の著名デザイナーや建築家などが考案しており，感動商品の企画を勉強するには恰好である．すべてが立派な実用品でありながら，思わずインテリアの飾りにしたくなるような秀抜なフォルムとウィットに富んだアイデアにはつねに感心する．

写真 1.2 ソニー・VAIO

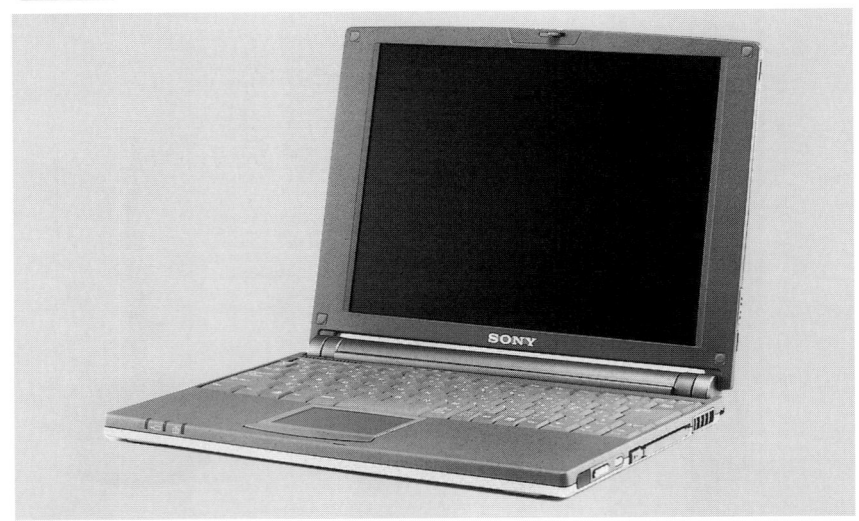

　イタリア本社で直接聞いた開発方針は，①実用性，②適切な価格，③顧客を喜ばす商品，の3点で，とくに③を重視している．価格が高くとも，買ってうれしくなるような商品であればいくらでも売れる，それを地でいくのがアレッシィである．最新の設備で安く，速く，ばらつきなくつくるのもよいが，それで売れなければどうしようもない．

　アレッシィ社も新商品を企画する場合，当然だが市場調査をする．だが，その目的は「市場にある既存のモノに近い商品を絶対に作らないようにするため」である．独創性をいかに重視しているか，直ちに理解できる．

（2）　ソニー・VAIO（写真1.2）

　それまでの常識を見事に砕いたスマートな薄型ボディに斬新な色使い．ノートパソコンに楽しさを付加した功績は大きい．若者や初心者に圧倒的な支持を得たこのパソコンは，アレッシィの雑貨の感覚に近い．

　それまでスペックのみを優先し，ボディなど無視していたパソコンメーカーが，このノートパソコンの登場以来，一斉にデザイン重視に走ったほど市場に

写真 1.3 アップル・iMAC

与えた影響は大きい．薄型にしたぶん，背後の技術的な苦労は相当あったようだが，デザイナーが企画部隊の中枢として動いたため，結果はご覧のとおりである．大学生が抱えてキャンパスを闊歩するにふさわしいノートパソコンというイメージを追求すべく，実際大学内での観察もされたそうである．インテル＋マイクロソフトの支配するハード，ソフトのスペック（性能）・トレンドから入る，という従来のパソコンの企画スタイルでは，いつまでたってもこのような人気商品は絶対にでない．

(3) アップル・iMAC（写真 1.3）

これもアレッシィに通ずる，ユニークで思わずさわりたくなるような可愛いパソコン．VAIO 同様，機能とデザインのバランスをはかり，入門者に大人気を博した．この 5 色とスケルトン・ボディはいろいろな雑貨，文具に波及し，大きなブームを引き起こしたことは周知であろう．

性能よりもデザインと使いやすさにこだわり，大成功した．もともと Mac は Windows の原型となった顧客本位の優れたパソコンで，Windows の急追に凋

写真 1.4　花王・クイックルワイパー

落したが，ここで起死回生の逆転ホームランを飛ばした．VAIO と iMAC はともに商品企画の見地からも記念碑的商品である．

（4）　花王・クイックルワイパー（写真 1.4）

かなり長期にわたる研究開発のなかで，アイデアと工夫をぎっしり集積したウルトラヒット商品．床用そうじシートというまったく新しい市場を作り上げた．現在，日本中の全世帯の 40％以上が使用するまでに定着している．

顧客の「掃除とは，掃除道具とはこんなもの」という固定観念を根底から覆し，使い捨てという手軽な便利さを提供した．花王お得意の家庭での観察調査で，大きな潜在ニーズの種を獲得し，改良に改良を重ねて発売に踏み切ったときにはすでに優等生そのものであった．また，箱入り・組立式にすることにより，輸送・貯蔵・陳列を効率化し，主婦が気軽に買って帰れるようにした（販売をにらんだ）見事な工夫も見逃してはならない．

（5）　ヤマハ・サイレントシリーズ（写真 1.5）

楽器の練習の場に悩む人のニーズをくんだ「音のもれない楽器」．ピアノか

写真 1.5 ヤマハ・サイレントシリーズ

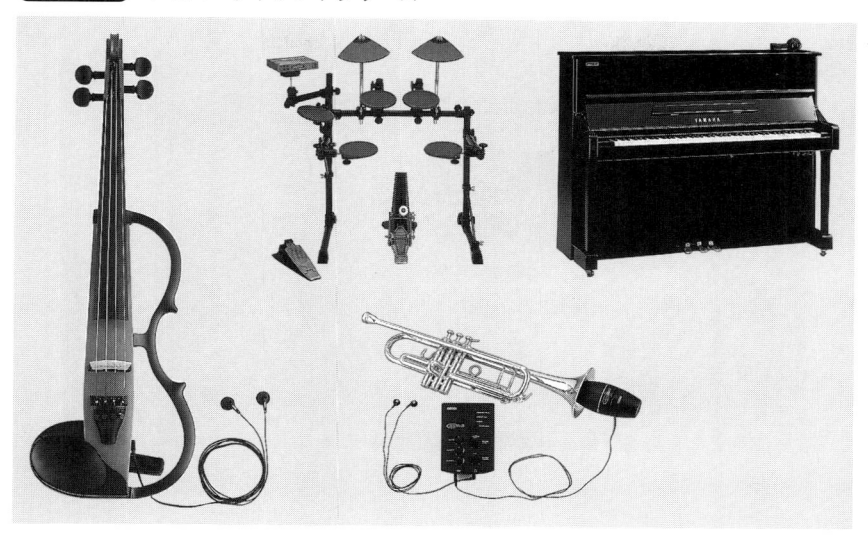

ら始まり,金管楽器,ドラム,弦楽器と次々に発売してきた.隣家と接した狭い家や集合住宅でも楽器を練習したい人は必ずいる.実に心憎いほどに顧客ニーズをつかみ,実現している.楽器とはうるさい物という固定観念を完全に払拭しつつある.木管楽器まで揃えばサイレントオーケストラにまで行き着くことが期待(?)されよう.

楽器メーカーのヤマハならではの,(電子楽器ではない)リアルな音へのこだわりが生んだ名作である.

(6) パイオニア・MDX-707(写真 1.6)

商品企画七つ道具をフルに活用した事例として概要を第4章4.3.1項で,詳細を第3巻で紹介する大ヒット商品.液晶パネルの色が変わるユニークな仕掛けやすっきりしたデザイン,フル装備機能のバランスのよさでミニコンポでトップの売上げを記録した.

(7) リコー・MF-200(現在は MF-2200)(写真 1.7)

これも商品企画七つ道具の事例として,第4章4.3.1項と第3巻で紹介する

26　第1章　感動商品の企画とは

写真1.6　パイオニア・MDX-707

写真1.7　リコー・MF-200

大ヒット商品．コピー面の下が空洞になっており，そこにコピーがでてくる．横のトレーがいらないぶん，狭い場所でも使えるデジタルコピー機として旧型機の2倍も売れた．

　以上，紹介した商品に共通している特徴は次の3点である．
① 「わー！　何これ？」と思わせる外観上または機能上の強いオリジナリティがあり，インパクトがある．人を引きつける，新鮮で個性的な魅力がある．
② さわって，使ってみると「なるほどね！」と思わせるような従来にない工夫，使いやすさ，気配り，楽しさ，性能のよさがある．思わず「もっと早くでていればよかったのに」「どうして今までなかったの？」といってしまう．
③ 値段は決して安くない．安さで引きつける商品では，絶対にない．

　これらは新商品を企画する際の目標をどう設定すべきかの重要なヒントになる．また同時に，どのように企画すべきかの道標にもなる．
　①，②はそれぞれ商品に「**驚き**」「**喜び**」の要素を与えており，単なる満足のレベルを超えている．単純に満足すべき商品（満足商品）は巷にあふれている．満足商品のレベルを超えて顧客が感動するような商品，感動し顧客が買いに走るような商品，それを「**感動商品**」と呼ぼう．
　これからの商品企画の目標は満足商品ではなく，感動商品である．「まあ，いいね」程度ではそこそこ売れてもすぐにすたれてしまう．そんな商品を企画しても，企画者自身も「やった！」と快哉することはないはずで「こんなものだ」で終わるであろう．いわゆる，カスタマー・サティスファクション（Customer Satisfaction）からカスタマー・ディライト（Customer Delight）へ発展させようという思想と考え方はほぼ同様である．ただ，本書はあくまでも具体的方法論を追求するテキストであるから，感動商品を企画する手段こそが重要である．

1.6 感動商品の公式

　筆者が前著で提案したいくつかの売り上げに関する公式を改めて説明する．

　商品の売り上げの大小はなにによって決まるのか．以下，この基本要素を少数に絞って特定することを考える．いささか問題を単純化しすぎるきらいがあるが，あえてそれを行おう．それは，本書全体の思想が，商品企画を明確なわかりやすい目標と，少ない使える手法で行うように方向づけることにあるからである．従来型の経営書のように，あれもこれもある，こんなことも重要だから考慮せよと資料を並べてもなにも標準化できない．

　自然科学が科学技術に応用される過程には，割合に単純で明快な根本原理（ニュートンの力学，オームの法則，相対性原理のように）の発見と，その応用の連鎖（たとえば電気回路はオームの法則の複雑な応用である）がある．経済学でも法学でもあらゆる学問は根本原理の追究とその応用とから成る．新商品開発は通常，

① コンセプトの決定
② 研究開発
③ 事業化

の3つのステップを踏んで進行する（同時に2つ以上が進行することもある）．この各々で考慮すべきこと，再考すべきことが多々あるはずだが，結果としての商品自体でまずなにが必要かを考えて，プロセスの要件に遡るしかない．

　根本的な命題として，売り上げが次の2つによって規定されることはほぼ常識と考えてよいだろう．ビジネスマン諸氏も昔，中学校の数学で「公理」という言葉を習ったはずである．「三角形の2辺の和は他の1辺より長い」とか「2点を通る直線はただ1本のみある」といったごく当たり前の概念を公式化したものである．次もそのような公理に近い公式である．

図表 1.5 再購入の要件

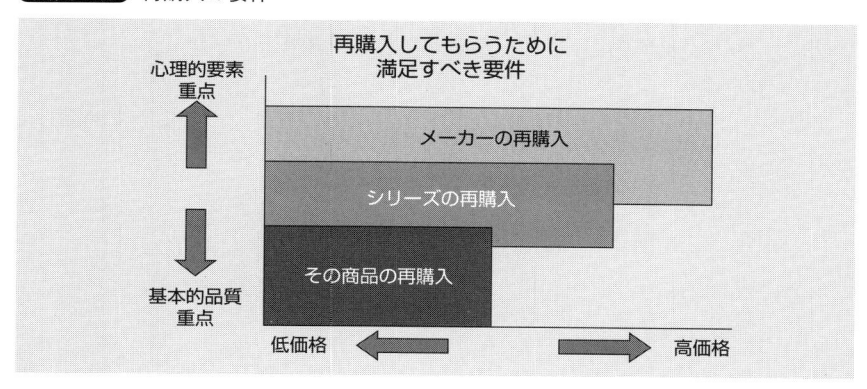

［図：再購入してもらうために満足すべき要件。心理的要素重点↑〜基本的品質重点↓の縦軸、低価格←→高価格の横軸。メーカーの再購入／シリーズの再購入／その商品の再購入の3層］

図表 1.6 商品力と販売力

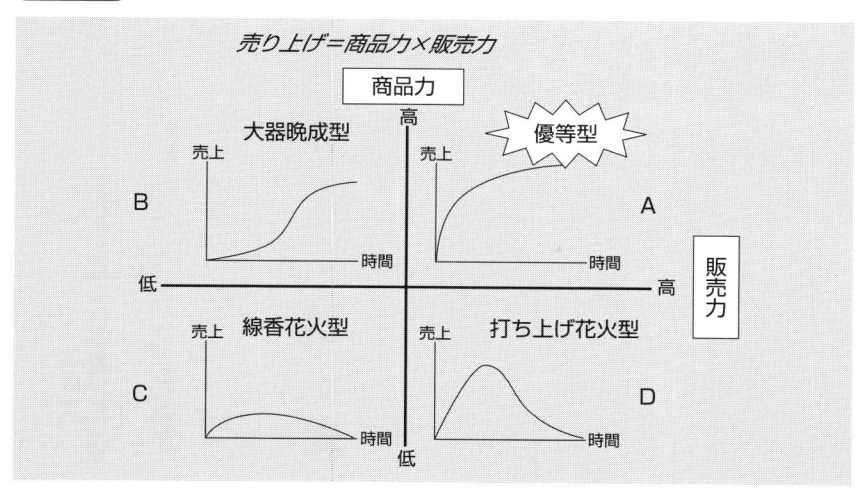

［図：売り上げ＝商品力×販売力。縦軸「商品力」高／低、横軸「販売力」低／高。A：優等型、B：大器晩成型、C：線香花火型、D：打ち上げ花火型］

公式1：売り上げ＝商品力×販売力

（1）**商品力**：商品そのものがもつ「よさ」，つまり顧客に「買いたい」という衝動を起こさせる魅力の総称．この魅力が深ければ，反復的な再購入を引き起こす要因にもなる．最近の私の研究室での研究[42]では，高価格商品になる

ほど，再購入（その商品というよりは，同じブランド，シリーズの再購入）には品質や価格では説明のつかない，心理的要因が重要であるということがわかった（図表1.5）．逆に商品力がないと継続的な購入はほとんど起こらない．買ってはみたががっかりした経験はだれもがもっているが，そのような商品は2度と買わなくなる．

（2）　販売力：商品を現実の購入に向かわせる力．営業活動，広告宣伝，過去のブランド・イメージ，販売員のサービス・対応なども含む．「口コミ」は基本的には顧客側の行動であり，引き起こす原因は商品力だが，結果としては広告宣伝と類似の効果を生む．

図表1.6に商品力と販売力と売り上げの関係をイメージで示そう．横軸に販売力，縦軸に商品力を取り，グラフは発売時からの売上高の経過をモデル的に掲げたものである．4つの領域A，B，C，Dでは次のような売り上げ変化が起きると考えられる．

A領域……理想的タイプである．商品力も販売力もあり，発売と同時に猛烈に売れ始め，急速に普及する．多くは新カテゴリーの商品で，類似品のないマーケットに突入したケースである．メガヒット商品の多くはこの領域に属する．

B領域……モノはよいのだが販売力が高くない．したがってなかなか認知されず，売れ出すと，わっと火がつく．技術優良企業でマーケティング力が弱いタイプに多い．売れる見通しが立たず，広告投資を渋っているためになかなか売れないケースはよくある話ではある．競争が乏しい商品なら急がずに様子見で済むが，デジタル商品や飲食品のようにテンポの速い激戦区なら，のんびり構えていると他社の追随・改良商品にすぐ追い越されてしまう．

C領域……売れそうもない商品で，売る努力もしていない．これでヒットがでたらまさに幸運か完全な読み違いというべきであろう．

D領域……売りまくるが中身が弱い．売れるのは当初のみで，リピート（反復購入）が少ない．これは「売れれば勝ち」ともいえるが，このような戦略は顧客の信用をなくし，ブランドイメージを落とす結果になるのでリスクが大き

図表1.7 品質・価格と感動

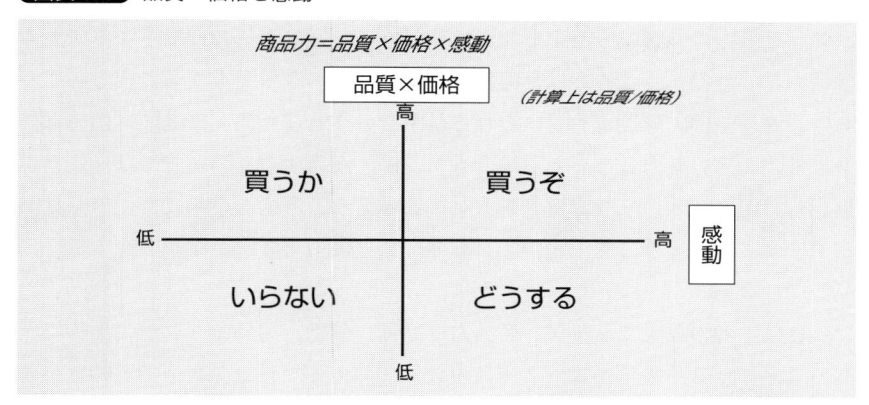

```
          商品力＝品質×価格×感動
          ┌─────────┐
          │ 品質×価格 │          （計算上は品質/価格）
          └────┬────┘
              高
      買うか   │   買うぞ
              │                      ┌──┐
  低 ─────────┼───────── 高         │感│
              │                      │動│
      いらない │   どうする          └──┘
              │
              低
```

い．なるべくやめるべきである．

　多くのヒット商品は商品力，販売力の2つにおいて同時に優れた特色を備えている．とくに商品力で劣るものはまったくといってよいほどない．販売力のみで売れた商品はつねに一時的であり，売り上げの低下は早い時期に起こる．とくに，資金力に頼ったCMの力で売り続けた商品はCM終了とともに忘れ去られるのが常である．これに対してB領域のように，商品力が高いと口コミでもヒットするものであり，ただそれがゆっくりと立ち上がるために，期待する期間で投資が回収できなかったり，競合他社に早く追随される（または追い抜かれる）羽目になる．これも経営的には確かに失敗ではあるが，商品力のないC，D領域よりは顧客の反応，後に残るイメージはよい．技術や品質に優れるが地味な企業に多いパターンである．

> 公式2：商品力＝品質×価格×感動

　つぎに，商品力とはなにかを考える（図表1.7）．販売力の研究も重要であり外せないが，本シリーズでは，魅力的な商品の企画をどう行うかを眼目にする．いかにうまく売るか，は販売企画であり，そのなかで本書の成果は同様に十分

に活用できる．これについては 4.1.7 項を参照されたい．

　商品そのものの魅力を支える要素は非常に多い．またこれに関連する研究も多数ある．ただし，ここでは企画開発側が考究すべき重要な要素に絞る必要がある．商品力は，最近よく用いられる言葉でいうと「価値」に近い．価値は価格以外の商品の魅力ととらえる場合もあるが，購入する立場に立てば，価格を無視しての価値という概念はナンセンスと考える．買えない物にも価値を見い出すのは文化的・学術的・精神的なものであり，通常の，企業が販売する「商品」ではない．

　これは筆者の仮説であるが，商品力は品質，価格，感動の 3 要素に集約できると考えている．多数のヒット商品の分析に加えて，自身の企画指導の経験からこれはきわめて確度の高いものである．

　「品質」はいうまでもなく商品の基本要件である．性能の高さ，使い心地のよさ，故障が少なく長く使用できること，商品間のばらつきの少なさなど，日本が世界に誇る技術と品質管理の優秀さから生みだされたスペックである．ただし，後述する「感動する」レベルまでは含まないとしよう．国際的にはもちろん高い位置にあるものの，国内の業界内ではそれほど差別化できていない例が多い．たとえばビールや各種飲料は味や成分にそう差異があるわけではなく，つねに選択に迷う．自動車，パソコン，家電製品などもメーカーによる違いは基本的な部分ではそうそうあるものではない．どれも品質レベルでは第一級で，安心して購入できるのはまことに心強い．

　とはいえ，それで満足してはいられない．日本の品質管理は戦後，米国からの輸入品として導入されたが，長足の進歩を遂げ，まさしく世界一になった．しかし，今度は不況に陥った米国が，日本の強さが生産性の高さと品質管理による高品質（つまり，安くてよい）にあることを学び，そのノウハウを吸収して，急速に競争力を回復したのは周知のとおりである．ヨーロッパや東南アジア，中南米諸国も日本の品質管理を学び，技術研究に努め，基本的には遜色のない商品を製造している．アジア諸国はどしどし最新鋭の生産設備を導入しており，人件費の安さと相まって価格競争では日本企業は歯が立たない．逆にあ

ぐらをかいて次の手を打たなかった日本は劣勢に立たされる．

　品質管理でも「魅力的品質」という概念があり[15]，この領域ではかなり「感動」に近い付加価値的なレベルを包含する．しかし，あくまでも「品質」の枠のなかでこだわって議論していては中程度までのヒット商品はともかく，数々の大ヒット商品を総合的に理解することはなかなか難しい．

　「価格」ももちろん大きな要素である．同じような商品なら安いものを選ぶ．「安いほうが評価は高い」と考えれば

$$商品力 = \frac{品質}{価格} \times 感動$$

としても同じである．価格はもちろん購入時の価格で，定価ではない．ただ，価格は品質レベルと関数関係にあり（比例するわけではない），また個人の消費レベルや商品による印象の差異はきわめて大きい．生活用品ではない嗜好品や装飾品などは必ずしも安ければよいというわけではない．一方，企業が消費する原材料，部品，機械，設備，オフィス用品などはまず第1に価格が問題となる．

　「感動」は購買意欲を掻き立てるような強いインパクトを与える要素を指す．トム・ピーターズは『経営創造[2]』のなかで顧客が「ワォー」と感動するような商品をつくれ，と何十回も繰り返し訴えている．まさに至言である．私も年に数回は「ワォー」とうなるような商品に出会う．嬉しくなって，だれかれとなく伝えたくなるような感動に包まれる（もちろん財布に余裕があればすぐに買ってしまう）．ただ，残念ながら，その数がいかにも少ない．

　感動とはなにか．これこそがヒット商品と並の商品を隔てるキーワードである．顧客の感動を湧き起こすような商品こそが本来の目標である．ただ，それが粋なデザインであったり，心憎いサービスであったり，あっといわせるような新機能であったりと，明確な定義ができないところが，企画担当者としては悩むところである．「感動するような商品をつくれ」というのは実に簡単だが，具体化する側としてはこんな難しい要求はない．

　しかし現実的には前記のように品質，価格両面で日本の商品は国際的な差別

図表 1.8 創造性と潜在ニーズ適合性

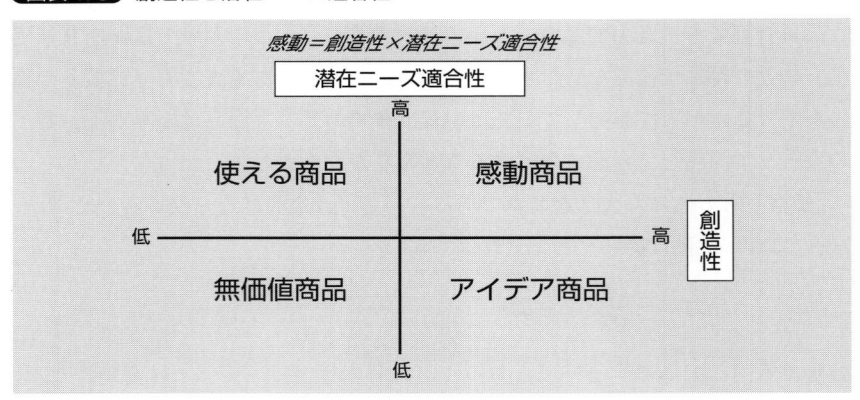

```
           感動=創造性×潜在ニーズ適合性
              ┌─────────────┐
              │ 潜在ニーズ適合性 │
              └─────────────┘
                    高
                    │
        使える商品    │   感動商品
                    │                    ┌──┐
     低 ───────────┼─────────── 高    │創│
                    │                    │造│
        無価値商品   │   アイデア商品      │性│
                    │                    └──┘
                    低
```

化がしにくくなってきており，国内においても同様である．差別化の展開をするためには，品質面か価格面，あるいはそれ以外の部分でダントツの特長をもたなければならない．

さて，前節でもあげたように，最近のヒット商品は，次の2つの特性をもつ商品であることに気づかれたであろう．

1. **創造性**：ハッとするようなユニークさをもつこと．**驚き**の要素を与える．感動を与える商品はまず市場に類似品がなく，新鮮で生きがいい．わっと心のなかに飛び込んでくる．まだよくわからないうちに欲しいなと思わせる創造的なセンスをもっている．デザイン的な新規性や商品名の面白さ，CMのユニークさなどもこのなかに入ってくる．

2. **潜在ニーズ適合性**：顧客の潜在ニーズを発掘し，それを充足していることが，顧客がうーん，なるほどこれなら自分も使ってみたいなと思わせる要件である．それを使うことに新しい**喜び**・満足感を与えるものである．「潜在ニーズ」とは目に見えないニーズ，多くの人が要求してはいない，深く心のなかに沈んでいて，だれも表立ってはいってくれなかったニーズである．十分に調べないとわからないため，並の調査しかしない企業，あるいは調査はきちんと行っても読み取る能力のない企業には発掘は難しい．

第1の特性も重要だが，第2の特性が長い目で見るときわめて重要である．なぜなら，新しいという特性の効果は一時的なものであり，ヒットすると類似品が追随したり，普及につれて新鮮な印象は薄れてしまう．ところが今までにないニーズを本当に発掘したのであれば，その商品は今や「必要品」として認知されたのであり，今後も反復的に購入してもらえる．したがってかなりの期間にわたり存在し続けることができる．この特性の発掘をシステム化できるか否かがまさに商品企画システムの成功の鍵を握っている．

感動の中身は人によりいろいろであるが，商品企画の面から捉えると，前記のように独創性と潜在ニーズ適合性の2つに集約できる．公式的に書けば，次のようになる．

> 公式3：感動＝創造性×潜在ニーズ適合性

1.7　商品企画において克服すべき課題

（1）　商品企画システムを構築しよう―だれでも企画マンになれるか―

だれでもが企画マン（レディ）になれるか，というと，普通の企画マンという意味ならYESである．「有能な企画マン」という形容詞をつけた場合には答えはNOである．これはどのような職種でも同様で，向き，不向きがある．ただ，商品企画は憧れの職種，花形の職種であり，会社全体に及ぼす影響も大きいだけに要求は厳しい．ぼーっと事務的にノルマをこなしていた御仁にはとても務まらない．知識・性格両面での幅の広さ，好奇心，探究心，柔軟な思考力，コミュニケーションのよさ，積極性など多面的な要件がある．

ただ，あまり人に依存するのはよろしくない．優秀な人材がいると成功するのはいかなる仕事でも当然のことだが，だれが担当になってもある程度のヒット商品はでるくらいの定式化がされていないと，期ごとに出来・不出来が大き

く変動し業績が不安定な状況に陥る．その結果社内でも次の企画に対する信頼感が薄れ，あらゆる部署のモラルが低下する．優れた企画がでてもそれを減殺してしまうこともありうる．とくに，営業・販売部門から「どうせまた売れないだろう」とか「連中の考えたモノだから……」といった言葉がでてくると決定的な影響を及ぼす．

（2）　観察力をつけよう

新商品のネタはもうない，と最初からあきらめている人が思いのほか多い．まことにもったいないことである．そういう人にかぎって，大上段に構えて「革命的商品はないか」などと探している．身近な足もとから観察しようとしない．

ヒット商品をいくつも世に送り出した，あるベテランの企画マンは「24時間が企画ですよ」と語った．通勤電車に乗っても，TVを見ていても，同僚と会話していても，つねに新商品のタネになりそうなヒントを捜している．

筆者は高校時代，写真のクラブに入り，カメラ片手に風景を撮り歩くことがよくあった．なかなか上手になれず，自分はセンスがないのかと悩むこともしばしばであった．そのとき，カメラをもたずにひたすら観察する，ということに集中してみた．しばらくすると，今まで見えないものが見えだした．街の営みが，人の動きが，川のいつもの流れが，毎日繰り返される夕焼けが心にしみてきた．このトレーニングを1カ月間行ってからカメラをもつと，面白いように発見ができるようになった．つまり，「写真に撮るのだから，いい風景はないか」と身構えてしまうと，自分の眼も身構えてしまい，ついつい目立つ風景ばかり見る．本格的なカメラなどをもつといっそうそのような気持ちになってしまうものだ．普通の風景の面白さには気がつかなくなってしまう．ものを見る眼力を育てなかったことが上達しない最大の原因であった．

企画も同じで，先入観や固定観念でものを見る人はいつまでたっても（有能な）企画マンにはなれない．長年同じ職場で似た者どうしが同じような仕事を繰り返している，これは最も危険である．会社としても仕事を変える，外部と交流する，上司を入れ替える，プロジェクトチームをつくるといった組織的な

図表1.9 定量的調査でのフローの例

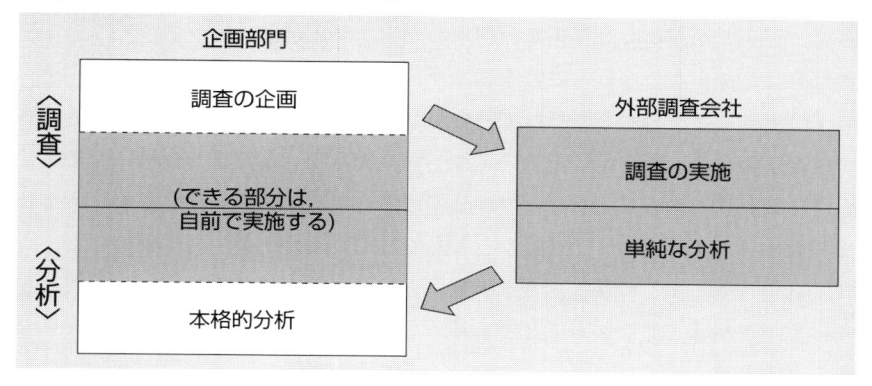

〈調査〉
企画部門:
- 調査の企画
- (できる部分は,自前で実施する)

外部調査会社:
- 調査の実施
- 単純な分析

〈分析〉
企画部門:
- 本格的分析

刺激を与えるのはもちろん,自分自身でも変えようとする努力が求められる.

有能な企画マンは概ね好奇心旺盛であるため,多趣味で話題が豊富,人とのコミュニケーションも得意である.忙しいのにいろいろな会に顔を出し,決して引きこもらない.

（3） **調査と解析の達人になろう**

有能な企画マンがいる場合は,「調査」はニーズの確認のためのみに行われることもある.しかし,普通,調査はニーズの発掘とその検証のためにある.

企画のヒントを見出すために自分を鍛える一方,調査をきちんと科学的に実施できるような体制をつくることが望まれる.

調査には定性的な調査と定量的な調査がある.定性的調査は主に言葉を介して行われる.インタビューや座談会がそれに当たる.定量的調査は電話,郵送,インターネットなどで行われるアンケート調査が代表的である.

調査は調査会社の仕事,と思っている人がいないだろうか.もちろん手間のかかる一般ユーザー対象の実査やデータの整理は企画部署のみでは手に負えないことが多いから,実際には外部委託することになっても仕方ない.定性的調査は相手が少なく,分析もそう突っ込んで行うわけではない.定量的調査は数百人のデータを収集して実施するぶん,非常に大変である.それでも,

① いつまでにどんなことをどんな方法で調査するか（調査の企画）
② データからどんな関係や傾向がわかるか（本格的分析）

の部分は企画担当者が行うことを強く求めたい．

①は実際に多くの企業で行っているものと思われるが，調査も企画段階でその成否が決まる．その際，調査のノウハウを知らないと，調査会社におまかせとなってしまい，必ずしも有効な調査にはならない．調査会社もピンからキリまであって大手ほどおまかせでやっても安心できるが，費用も高額になる．高質で低コストとするには，企画者自身がいつでも調査できるくらいの体制をもち，イニシアティブを握ることである．さらにいいのは企画者自身が調査をやることである．

②はなおざりにされがちな部分である．データ入力，各質問に関する単純集計，クロス集計，それらのグラフ化程度は少しトレーニングすればだれでもできることなので外部委託してもなんら支障ない．しかし，それ以上の分析の部分は調査会社にオプション的に依頼することが多く，好ましいことではない．この分析は多変量解析という統計手法が必要になるため，デザイン系の方や事務・営業系の人が多いと，とくにおろそかになる．技術系の方が多くとも，解析を知らないために実施されていないケースも多々ある．これはまことにもったいないとしかいいようがない．

多変量解析はアンケート調査のような多数の項目の関係を鋭く探り出す手法で，たとえば顧客の要望の理由や互いに関連の深い商品評価項目などを容易に知ることができる．完全にマスターするのは困難であるが，幸い現在はパソコン上でだれでも使うことができ，相当に大量のデータでも対応する．Excel 上で使えるソフトもあるので，便利である．理論はある程度わかれば十分で，使用上の注意と解釈の仕方がわかればよい．

企画者自身がデータの構造を深く知り，顧客全体の声と同化するほどに多様な分析を試みるならば，着実に企画の方向づけをすることができる．

（4） **アイデアマンへの道はとても短い**

商品アイデアの発想はそう難しいことではない．筆者は，いつでも 1 時間で

20くらいのアイデアをだす自信がある．昔からのアイデアマンであったわけではなく，実は本シリーズで紹介する発想法をマスターしたからである．五十男でもできるのだから，頭の柔らかい読者諸氏が真剣に取り組めばなお容易である．もとよりアイデア発想法は万能ではないが，適材適所で使えば商品企画の担当者には重宝な武器となる．しかしながら，発想法と呼ばれるものは数百種類もある．いかによいものを選んで使うかが重要な課題である．

1.4 節でも述べたが，センスはともかくとして，日本人のアイデア創造力が劣ることは決してない．個人差はあるが，トレーニングや環境である程度は伸びるものである．むしろ，それを阻害する組織的要因＝風土の硬さの方が大きな問題である．

また，せっかく発想法で多数のよいアイデアがでても，そのなかから確実に選択を行い，売れそうな商品に絞るのもなかなか困難な作業である．この点でも実用的な方法論が期待される．

(5) なにがベストか考えよう

ある程度アイデアが絞り込めても，まだまだ難関が待っている．最終案をどのようなものにすれば買ってもらえるのか，それがわからない．たとえば，疲れる OL のニーズに合うアイデアとして「どこでも服用できる小さな疲労回復ゼリー」（前著の事例による）がでたとしても，その形状，味，成分，価格などで購買意欲は大きく変化する．とくに消費財の場合，顧客は移り気で，ちょっとしたデザインや商品名の工夫，CM タレントにすら反応するのだから，微妙である．

最後の段階まで手を抜けない．落とし穴はまだまだあちこちにある．生産財でも性能・機能と価格とのバランスで採用されないことが多々あろう．同一アイデアの下でも無数の組み合わせがあり，顧客がそれらのなかから，なにを基準にどう選択するかをきちんと押さえれば，「最適」な商品コンセプトがわかる．それを「自分にはわからない」「技術やコストとの兼ね合いで決まることだ」などとして企画マンが設計や研究担当者に投げてはいけない．放棄してしまうと，なお顧客のわからない技術者に最適な物が決定できるはずがない．そ

こまできちんと提案してこそ，プロの企画マンである．

　実際，失敗事例のなかにはそうした最後の詰めの甘さによるものが少なくない．かといって，再度広範な調査にかけていては効率が悪く，せっかくのグッドアイデアも外部に漏れる．この矛盾に多くの企業が悩み続けてきた．このシリーズではこれをコンジョイント分析という妙手で一気に解決する．

(6)　うまく**技術**につなげよう

　さて，最後の詰めは，要件をもれなく，わかりやすくリストアップして設計や研究開発へスムースにリンクさせることである．そんなことはわかりきっている，と思う人も多いだろうが，意外と「こんな商品を企画したはずではなかった……」「コミュニケーション不足を思い知らされた」「重要なファクターを勝手に変更された」などの経験をもつ企画担当者は多いと思う．企画側の意図を完全に伝えるツールが必要である．いや，単に伝えるのみではなく，技術的に実現できる見通しを立てることが重要である．

ヒット商品のヒント？！

大学で学生相手に，ゼミのテーマでコンビニエンスストアを取り上げた．新しいコンビニは，銀行のキャッシュカードで支払いができる，クリーニングの受付をする，風邪・胃腸薬の販売をする，と色々なアイデアがでてきた．

今は当たり前のサービスになった，24時間営業，ビール・弁当の販売は学生にアンケートを取ると大変満足しているという結果だった．そして，コンビニを利用する基準は家の近くにあることであった．フランチャイズによるサービスの差は意識していなかった．もっとも，ほとんどサービスに差はないが….

ふと考えた，これは本当によいことだろうか．ハンバーガーチェーンも，ファミリーレストランもこのような傾向にある．サービス業は人と人のふれあいも大切ではないだろうか．無機質なお店が増えていくなかで，ジベタリアンが駐車場で弁当を広げながら友達としゃべっている．孤独な現代社会の一面を見ながら，Eメールの文面に，現代社会とのつながりを感じる．

そういえば，先日新聞やテレビで，みんなで参加できるゲーム（たとえば，ビートの効いたステップの腕前ではなく，足前を競うゲームがヒットしている），音声認識装置を備えた対話型ペット飼育ゲームがヒットしている．孤独から対話へとゲームソフト業界はヒット商品の流れが変化してきている．これは現代社会全般にいえることかもしれないと感じる今日この頃であり，ヒット商品のヒントがあると思う．

（今野）

② 商品企画七つ道具

これが感動商品への道

いろいろ登り方があるようですが……

前章で感動商品を追求するのに必要な要素を挙げた．これを流れとして，手法としてしっかりと定式化するのがこの章の目的である．理念のみでは実践に結びつかない．本シリーズは一般的な経営関係の書籍と異なり，具体的にどうすべきかを手法を通じて明らかにする．

2.1 感動商品への商品企画

(1) 商品企画とは

商品企画に厳密な（学術的な）定義を与えるのが本書の使命ではない．しかし，その範囲や目的を明確にせずに手法のみに走るのもあいまいになってしまう．ここでは次の定義を与えよう．

「商品企画とは，顧客のニーズを発掘し，それにふさわしい商品コンセプトを考案・決定することである．」

いくつかのコメントを記す．

① 顧　　　客

対象は消費者のみではなく，製造業者や販売業者，サービス業者であることも多々ある．原料，素材，部品，生産機械，建設，運輸，卸売などの業界ではその商品が消費者に直接渡るわけではない．本書では簡便のために，商品を利用する人，企業を顧客という用語で代表する．ただし，あくまでも最終的な消費者（エンドユーザー）を忘れ去っては困る．その繊維はやがて華麗なるレディを飾り，その部品は数週間後にはファミリーの楽しい週末を演出するビデオカメラになる．そのようなイメージ化について貧困であると，ついつい要求された性能・価格を満たすのみに走り，いざ「当社でもユニークな新商品を」などというときには企画担当としては残念ながらだれも役に立たない．商品企画ではつねに消費者の生活を具体的に思い描き，ある種の夢をもたないと画期的な商品を生むには至らない（企業を存続できる程度の商品をつくれればよいというのなら本シリーズを読む必要はない）．

② ニーズを発掘

潜在的であればこそ，それは企画の対象となる．顕在的とはすでにそこにあることを認知しているから，直ちにそのものをつくればよい．つくらないのは戦略的，時間的，経済的ななんらかの要素が働いているからである．

前章でも強調したように企画者の真の仕事は，顕在しないニーズを探ること，これが最も重要である．いわば宝探しである．磨けばキラキラと輝くが今は石ころと見分けがつかない．それを探して世に送り出すことである．

氷山は9割は水面下に沈んでいて見えない．表面にわずかにでた1割，あるいは1％たらずの（よくわからない）ヒントから，巨大なニーズの塊を掘り当てる，これこそが商品企画である．

③ 商品コンセプト

細部まで詰めていない商品イメージを商品コンセプト（または単にコンセプト）という．企画の仕事はこれを確立することであり，技術系が行う開発の仕事は企画で得たコンセプトの細部のスペック（仕様，Specification）を詰め，研究し，試作し，商品化のめどをつけることである．

(2) **商品企画と製品企画**

「商品」と「製品」はどう違うか．英語の辞書では前者はgoodsやmerchandise，後者はproductが対応する．マーケティングではproductのなかに無形のサービスなども含めて議論する（とにかくproduceされたもの，の意）が，日本語の「製品」は伝統的に「製造されたもの＝工業製品」を指すため，サービスは製品とはいえない．商品のほうが概念が広い．商品は一般的には売るためのものすべてであり，製品は製造業でつくられたものと見られている．保険商品，ホテルのサービス商品とはいうが，保険製品，ホテルのサービス製品などとは絶対にいえない．

サービス業では商品企画のみが存在するが，製造業では，商品企画と製品企画を分ける風潮がある．商品企画はパッケージ，ネーミング，販売面まで含める全体的な企画であり，つまり商品を「売るべき物」ととらえる．「製品企画」は物そのものについての企画であり，製品はまさに「つくるべき物」である．

しかし,「製品企画」のみがあり「商品企画」がないと筆者は不安になる.名称だけの問題で実質が別ならよいが,「つくることのみを考える」「つくれるものを考える」とすると,トータルで商品を企画するのはだれが行うのであろうか.

商品企画はなるべくいろいろな側面の企画を同じ思想のもとに一貫して実施するほうが好ましい.

(3)　アイデアとコンセプト

コンセプトはアイデアが複合的に組み合わさった集合体と考える.逆に,コンセプトの構成要素がアイデアである.アイデアは新規のものも,旧来のものを援用するものもある.

たとえば,「きわめて薄型で,スケルトン(透明素材)のおしゃれな色の初心者向きノートパソコン」はコンセプトであるが,「きわめて薄型」「スケルトン」「おしゃれな色の」という3つの新規のアイデアと,「初心者向き」という旧来からのアイデアが組み合わさって,強力な魅力的コンセプトを築いている.ただし通常は「アイデア」という言葉は,新しい着想という意味で使う.

アイデアはさらにいくつかの属性と水準を有することが多い.この例では,「おしゃれな色」は少しも具体的ではない.たとえば,

① 　タイプ　　a.　パステル調
　　　　　　　b.　深みのある色
② 　色相　　　a.　赤
　　　　　　　b.　緑
　　　　　　　c.　青

などの組み合わせで多数の「色」が具体化される.この場合のアイデアを規定する要素①,②を属性といい,a,b,cを水準という(図表2.1).

商品企画とはコンセプトづくりであり,要は属性と水準の組み合わせのなかから最適なものを選択する作業である.

(4)　商品企画の理想的流れ

理想を「早く企画できる」「安く企画できる」にするか,「大ヒット商品を創

図表 2.1 コンセプトとアイデア

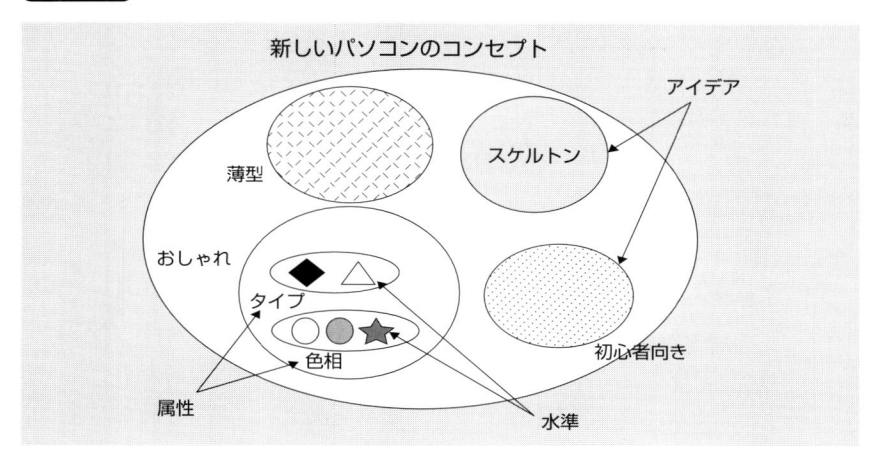

```
        新しいパソコンのコンセプト
                                    アイデア
          ┌─────────┐
          │  薄型   │    スケルトン
          │         │
        おしゃれ
              ┌───────┐
              │◆  △  │
              │ タイプ │      初心者向き
              │○ ● ★│
              │  色相 │
              └───────┘
          属性              水準
```

造する」にするかでかなり流れは変わるが，本シリーズが描く理想の商品企画のパターンは，

① 多少時間がかかってもよい
② しっかりと，がっちりと科学的・論理的に進める
③ システム化されているために人に依存しない
④ 絶対に失敗しない

である．要するに，天才型企画マンを擁し，またはそのような人材を社内外から集めようとしている企業ではいらないシステムである．

そこそこ元気のいい人を集めるにしても，抜群に企画向きの社員はそうそういるものではない．企画は決して，時の運に任せるギャンブルではない．きちんとやれば必ずうまくいくものであり，また，そのようなシステムを構築すべきものである．ただし，運用の柔軟性を残しておいて，あるときは（優秀な人材が揃ったときや時間や予算がないとき）は多少簡略化すればよい．つまり，最低賃金（絶対に失敗はない）を保証しつつ，努力しだいで巨額のボーナス（ウルトラヒット商品）も可能，という体制をつくることが理想的である．本シリーズの目標はまさにそこにある．

さて，前章で「感動商品」について述べた．そこでは，潜在ニーズと創造性がポイントであることを示唆した．これをまずコンセプトのなかに十分取り入れてコンセプトを醸成しなければならない．この2要素の質の高低によって商品企画の成否が概ね決まってしまう．ふつうの教科書だと「品質レベル」や「価格」と書くところだが，それは後でよい．商品力の3要素「品質」「価格」「感動」のうちの「感動」を前面にとらえるところが感動商品たるゆえんである．

その最重要な要素を決定してから，品質と価格を含めて細かな最適レベルを決定するのである．潜在ニーズを発掘するのはとにかく調査である．ある日突然思いつくこともあるが，それはそれとして，地道な顧客への調査こそが「急がば回れ」である．その調査にもとづいて方向を決定し，その方向を参考にして商品アイデアを多数出して真に顧客の喜ぶアイデアを選び抜くのである．アイデアは量も大切である．量が多いと，絞れば必ず使えるアイデアが残る．

さて，企画担当者や企画会社への筆者の独自調査により，コンセプトの細部を決定する段階での迷いやミスがきわめて深刻な悩みであることを知った．なかなか明確な根拠をもって「これが最適だ」「これこそ売れる商品だ」と断言できない．いや，担当者はやむなく断言せざるをえないのだが，自信をもって断言できる人はまったくいないといってよい．これは仕方ない面もあるのだが，なるべく安心して断言できる手法を用意したいものである．感動商品の資格を具備しながらも品質レベルや価格が顧客の期待に応えられなければやはり失敗に終わる．しかも要素は多く，組み合わせは無限にある．上手に，顧客の要望をコンセプトに取り入れる方法が必要である．

企画の最後に，技術への橋渡しもきちんとできるようにしておきたい．見事な感動コンセプトが固まっても，技術的にきわめて困難であったり，実現のための方策がわからず右往左往することはよくある．時間，コストの面からいっても，企画担当者が十分に意図を技術者に伝え，技術者はあいまいさが残らないように十分くみ取り，互いのコミュニケーションに遺漏がないようにしたいものである．そのための便利なツールが日本で開発されているので活用すると

(5) 商品企画の現状と成功の条件

筆者ら[28][29][41]は(社)日本品質管理学会に「商品企画研究会」を組織し，1995〜1997年の2年間にわたり商品企画の諸問題を検討した．そのなかで，日本の商品企画の現状把握と商品企画に成功するための条件を研究すべく，1996年にアンケート調査を実施した．対象は同学会賛助会員企業（製造業大手中心）および上場企業（サービス業含む）計838社の商品企画担当者（いない場合はそれに近い人）である．回答は約20%の170社から寄せられた．業種は製造業に広く分布し，商業・サービス業はあまり多くない．ただし製造業のなかではあまり偏りがない．商品の種類では，完成品が多く，非耐久財より耐久財が多い．また企業向け商品のほうが，やや一般消費者向けより多い．企業規模は，従業員数5000人未満の企業が62.9%を占め，1000〜4999人がモードになっている．回答企業のプロフィールの一部を図表2.2に掲げる．

商品企画の成功度を自己評価してもらい，別の質問で社風，組織，意思決定，商品企画の流れ，企画手法，情報収集とその分析などについて尋ね，商品

図表2.2 回答企業170社のプロフィール

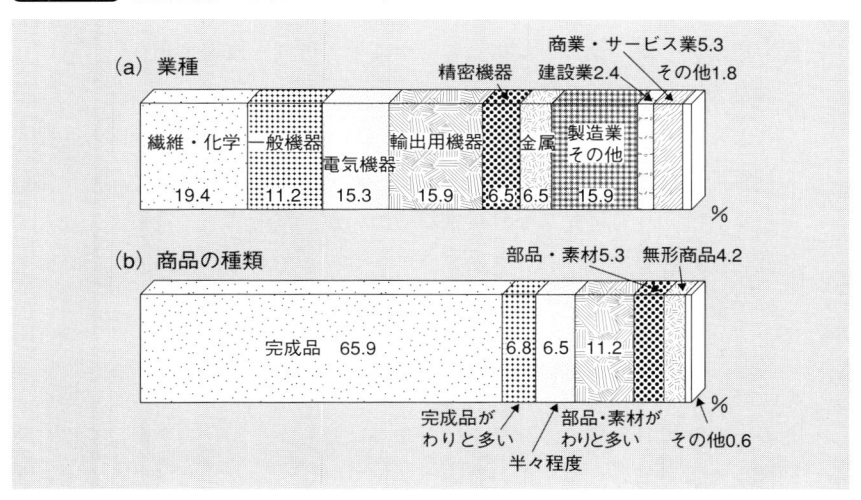

(a) 業種

繊維・化学	一般機器	電気機器	輸出用機器	精密機器	金属	製造業その他	商業・サービス業	建設業	その他
19.4	11.2	15.3	15.9	6.5	6.5	15.9	5.3	2.4	1.8

(b) 商品の種類

完成品	完成品がわりと多い	半々程度	部品・素材がわりと多い	部品・素材	無形商品	その他
65.9	6.8	6.5	11.2	5.3	4.2	0.6

企画成功要因との関連を統計的に分析した．

　商品企画の成功のための条件は（この限定された調査対象と質問の範囲ではあるが），いくつかの解析を統合すると次のようになる（図表2.3, 2.4参照）．筆者が第1章で述べたことはもちろんこのような背景にもとづいて主張している．

① マーケティングに強く創造開発型である

　　当然ではあるが，マーケティングセンスに乏しい業界追随型企業は，まず社風そのものから変えなければならない．

② 企画担当者は文科系出身者が多くバランスのとれた構成である

　　技術者が先導する商品企画はどうしても業界（技術）レベルへの追随と技術的独自性，品質レベルの確保が中心になる．各自のバックが狭いことも阻害要因となる．文科系出身者はその点広く浅く顧客レベルで思考できる．ユニークなアイデアもでやすく，技術者が一笑に付すことでも真剣に取り組む．一方でこれがマイナスに作用すると，納期，コストを度外視したプランに陥ることになる．年齢・男女・文理のバランスをはかり，異なる発想を取り込みユニークかつ実現可能な企画案を立てるべきである．実際，成功度の低い企業では担当者に中高年・男性・技術系が多い．

③ 商品企画が技術開発に先行する

　　これは②とも関連するが，「技術から企画する」よりは「企画の必要から技術開発を行う」ほうが成功するという意味である．技術のない企業はそれを養うほうを優先しなければならないが，技術第一，技術優先などを標語に掲げる企業はその行き過ぎを反省すべきである．視野の狭い企画がいかに売れない商品をつくるか，自覚してほしい．

④ 企画における意思決定がボトムアップ型である

　　トップダウンは極めて優秀な役員，事業部長クラスがいる場合は機能するが，全体方針を立て，調整をはかるのはともかく，商品企画は高度に専門的な職能である．第一線の企画マンが十分な（本シリーズで提案するよ

2.1 感動商品への商品企画

図表2.3 商品企画成功度とのクロス集計

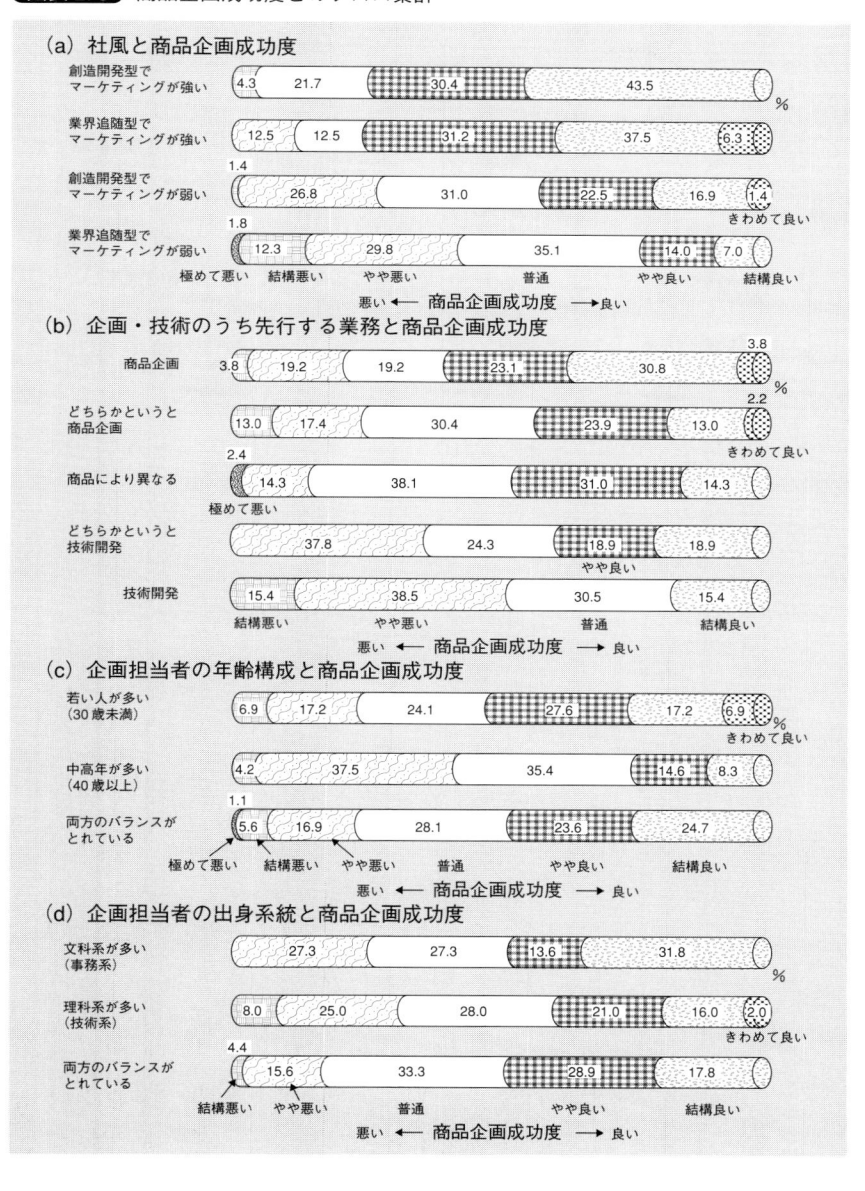

(a) 社風と商品企画成功度

社風	極めて悪い	結構悪い	やや悪い	普通	やや良い	結構良い	きわめて良い
創造開発型でマーケティングが強い		4.3	21.7	30.4	43.5		
業界追随型でマーケティングが強い		12.5	12.5	31.2	37.5	6.3	
創造開発型でマーケティングが弱い	1.4	26.8	31.0	22.5	16.9	1.4	
業界追随型でマーケティングが弱い	1.8	12.3	29.8	35.1	14.0	7.0	

悪い ← 商品企画成功度 → 良い

(b) 企画・技術のうち先行する業務と商品企画成功度

先行業務	極めて悪い	結構悪い	やや悪い	普通	やや良い	結構良い	きわめて良い
商品企画	3.8	19.2	19.2	23.1	30.8	3.8	
どちらかというと商品企画		13.0	17.4	30.4	23.9	13.0	2.2
商品により異なる	2.4		14.3	38.1	31.0	14.3	
どちらかというと技術開発			37.8	24.3	18.9	18.9	
技術開発		15.4	38.5	30.5	15.4		

悪い ← 商品企画成功度 → 良い

(c) 企画担当者の年齢構成と商品企画成功度

年齢構成	極めて悪い	結構悪い	やや悪い	普通	やや良い	結構良い	きわめて良い
若い人が多い（30歳未満）	6.9	17.2	24.1	27.6	17.2	6.9	
中高年が多い（40歳以上）	4.2	37.5	35.4	14.6	8.3		
両方のバランスがとれている	1.1	5.6	16.9	28.1	23.6	24.7	

悪い ← 商品企画成功度 → 良い

(d) 企画担当者の出身系統と商品企画成功度

出身系統	結構悪い	やや悪い	普通	やや良い	結構良い	きわめて良い
文科系が多い（事務系）		27.3	27.3	13.6	31.8	
理科系が多い（技術系）	8.0	25.0	28.0	21.0	16.0	2.0
両方のバランスがとれている	4.3	15.6	33.3	28.9	17.8	

悪い ← 商品企画成功度 → 良い

図表2.4 商品企画成功度の関連性マップ

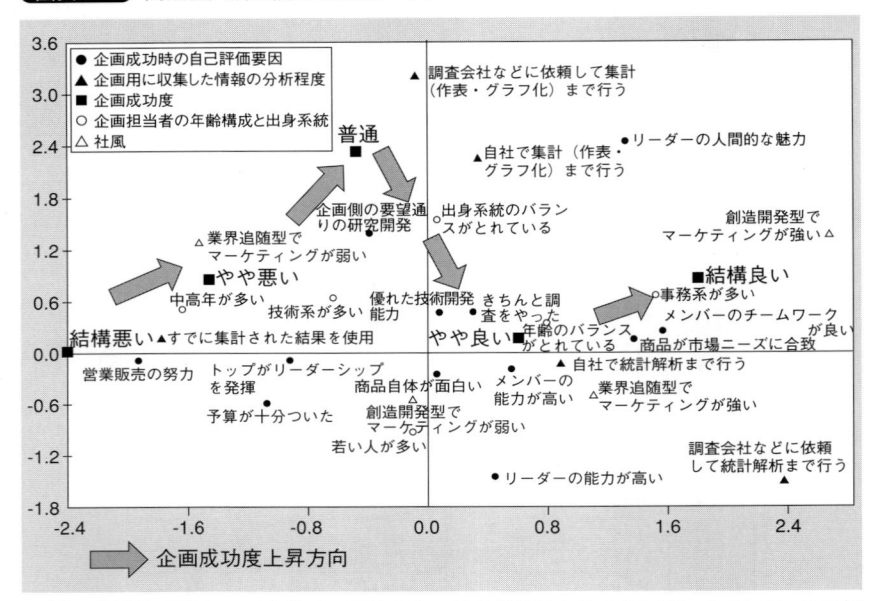

注）数量化Ⅲ類という手法で，関連の強い項目が接近するように描いたグラフ．3.3節(1)，第2巻3.2.5節を参照されたい．

うな）調査や創造活動をできるように支援し，アドバイスし，評価できることがこれからのトップの能力である．自身が経験してきた旧来の方法や（古いセンスの？）直観がそれほど役に立つとは思えない．

⑤ 企画業務の流れ（とくにニーズ調査）を標準化している

標準化しているということは成功体験の蓄積のなかから成功への方策を抽出していると推測される．なかでも，ニーズ調査の実施の有無は成功度に有意差を生じさせる．技術優先はここでも否定される．

⑥ 成功理由が「商品コンセプトが市場ニーズに合致」「技術力」「担当者の優秀さ」「自社で統計解析までできる」

成功度の高い企業は自らの成功理由としてこのような理由を挙げる．ところが，成功度の低い企業が成功したときの理由は「営業や販売の努力」

であり，企画の優秀さではない．

⑦ **顧客の商品評価や満足度・属性の情報を集め，かつその分析力が高い**

　顧客自身の属性はもちろん，顧客の商品評価・満足度情報を十分に集め，その分析も他人任せの単純な集計ではなく，自社で統計解析まで行う．これは表面のみでなく，その優劣の原因や影響の程度まで特定できるから，当然改善の方向がわかり，次の企画ではより顧客ニーズに接近できるようになる．

⑧ **企画手法の併用をしている**

　企画手法を単独でばらばらに活用する企業よりも，定性調査（インタビュー調査等）と定量調査（アンケート調査等）の併用，アンケート調査とポジショニング分析の併用等，手法を組み合わせて活用するほうが成功度が高い．本シリーズが標榜する「商品企画のシステム化」はまさに適材適所の手法を縦横に組み合わせて活用し，最大限の効果を発揮させようとするものである．

2.2　商　品　企　画　七　つ　道　具　と　は

　第1章で商品力，なかでも感動を呼ぶコンセプトの追求が真のヒット商品の企画であると述べた．ただ，それは観念的な議論であり，そのような結論を出すこと自体は多くのビジネス書の方向と現実には大差はなく，それのみでは本シリーズの存在意義は余りない．また，素晴らしい企画を行った企業の事例を集めて解説しても，ヒントにはなるが，自社で企画システムの構築にそのまま活かせるはずはない．他社の方法の模倣でヒット商品がでるなら，日本中で困る企業は皆無になるはずだが現実はご存知のとおり皆さん大変に苦労している．

　問題はそのような商品を自社で企画できるかどうかであり，そのような革新的なコンセプトを発見し，あるいは創造するための実践的な方法論である．過去においても○○法の類の手法はいくつか提唱され，それなりに成果を収めたものも少なくない．ただし，その多くは発想技術の範疇に属し，第1章で述べ

たような感動商品をトータルでめざすものではない．立派な企画書を書ければよい，という調子のものも多い．また，急速に進んだパソコン化にふさわしいものもない．といっても，マーケティングや解析の高い知識を要求するものは，異動が多く専門知識の乏しい企業文化にはなじまない．技術系の人間はデータをベースにした方法論は好むし理解しやすいが，逆にマーケティング的な手法はなじみにくい．これらの多くの障害を乗り越えられるこれからの企画システム，企画手法とはいかにあるべきか．前節を参考にまずは理想を描いてみる．

（1）感動商品の企画を第1の目標とすること．ダントツの企画，あっと驚くコンセプトを創造したものでありながら，顧客の潜在ニーズを見事に掘り起こしていること．

（2）ニーズの発見，検証，発想のジャンプ，最適化などの必要から，定性的，定量的手法がよくブレンドされていることが理想的である．もちろん無理に（意図的に）ブレンドする必要はないが，どちらか一方に偏ることは方向すらも誤らせることになる．

　このためには文系的なマーケティング手法と，理系的な解析手法・QC手法の融合が理想的と考える．

（3）科学的，実証的であるが，パソコン上で容易に扱えること．パソコンソフトも活用できること．事務系の企画担当者の欠点はフィーリングはよいのだが，データの扱いに弱く，確証をもった企画を提起できないことである．また，技術系の人でも，パソコンの扱いでは優れていてもデータの分析まではできない場合が多い．企画はある部分ではデータとの格闘技である．より簡単に，より役に立つ分析結果を得られるソフトが必要である．

（4）全体が1つの緊密な流れを構成し，論理的にも納得できること．あれもできます，これもできますの「手法百科事典」ではどれをどういう順序で使用すべきかの標準がない．今求められているのは，精選された手法のグループであり，それらの有機的な関連づけ，いわばシステムである．

図表2.5 商品力要素を実現するステップ

商品力要素	ステップ	調査の ステップ	発想の ステップ	最適化の ステップ	リンクの ステップ
感動	潜在ニーズ	◎	○	◎	○
	創造性	○	◎	◎	○
	品　質			◎	○
	価　格			◎	○

◎＝かなり実現する　　○＝実現する

私たちが求めるツールには，次の4つのステップが必要である．

① 調査のステップ：潜在ニーズを探り，コンセプトの方向を決めるステップ．
② 発想のステップ：創造性を付与し，ジャンプをはかるステップ．
③ 最適化のステップ：種々のコンセプトのなかで顧客にとって最適なコンセプトを決めるステップ．
④ リンクのステップ：技術者とコンセプトを相互に理解し，実現に向けるステップ．

これらのステップのなかで商品力の各要素がどこで実現されるか，表にしてみると，図表2.5のようになる．

2.3　必然のツール集＝商品企画七つ道具

(1)　商品企画七つ道具とは

商品企画七つ道具（Seven Tools for New Product Plannning，略して以下P7と呼ぶこともある）は商品力の全要素を実現する手法である．1991年頃から筆者が単独で研究に着手し，その後5名の研究グループに拡大して1994年

に公表し，1995年に前著『商品企画七つ道具』（日科技連出版社，1998）を発行した．さらに2000年を契機に一部を変更し，P7-2000 とした．このへんの経緯は巻末の付録に載せたので後でお読みいただくこととする．

さて，商品企画七つ道具の手法は次のとおりである．

① インタビュー調査
　　a．グループインタビュー
　　b．評価グリッド法
② アンケート調査
③ ポジショニング分析
④ アイデア発想法
　　a．アナロジー発想法
　　b．焦点発想法
　　c．チェックリスト発想法
　　d．シーズ発想法
⑤ アイデア選択法
　　a．重み付け評価法
　　b．一対比較評価法（AHP）
⑥ コンジョイント分析
⑦ 品質表

これらがどのような手法で，どのように応用されるべきかは，以下の章節で順次解説する．

（2）　商品企画七つ道具全体の流れ

商品企画七つ道具の流れを図表2.6，2.7に記す．前者には単独の流れをまとめた．一方，後者には周辺の関連手法や業務も記した（もちろん，単なる標準であって，各社の事情や商品によって大幅に異なる）．

（3）　各手法のあらまし

商品企画七つ道具の各手法の概要をおおざっぱに記述する．イメージは本書

2.3 必然のツール集＝商品企画七つ道具

図表2.6 商品企画七つ道具手法の流れ

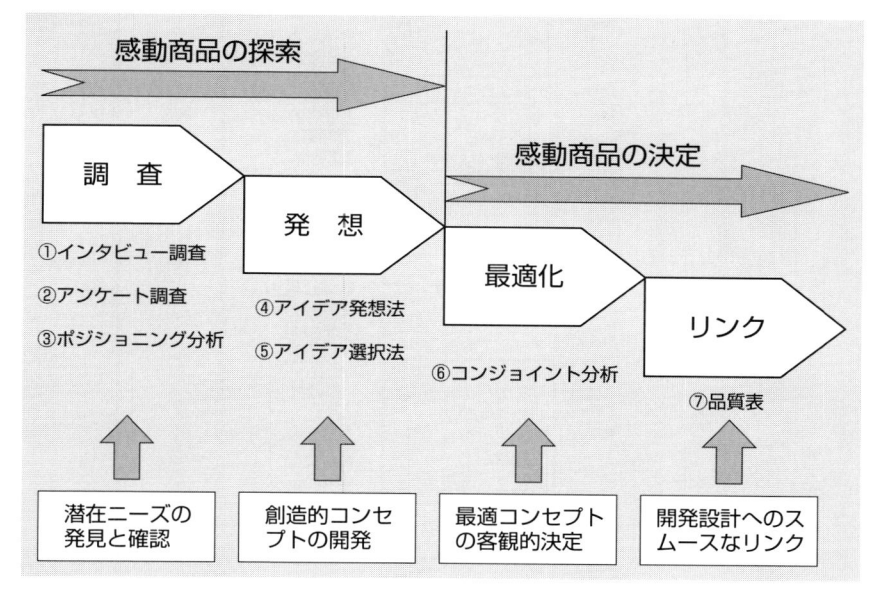

```
感動商品の探索 ────────────►
                    感動商品の決定 ──────────────────►

  調　査
                発　想
 ①インタビュー調査        最適化
 ②アンケート調査   ④アイデア発想法       リンク
 ③ポジショニング分析 ⑤アイデア選択法
                   ⑥コンジョイント分析
                                    ⑦品質表

   ▲            ▲           ▲            ▲
 潜在ニーズの   創造的コンセ   最適コンセプト   開発設計へのス
 発見と確認     プトの開発    の客観的決定    ムーズなリンク
```

第3章事例編で，詳細は本シリーズ第2巻で理解していただきたい．

⓪　P7以前／企画のヒントを得る

企画作業の最初に，大まかな方向を定めなければならない．経営戦略により最初から決まっている場合は，その範囲内でターゲット層を絞るが，たとえば「若い男性向き」と定まっていても，アウトドア派，都会派のどちらかで企画の方向は異なる．指定がなければ，トレンドや社会経済状況，ライフスタイルなどを見て絞る．自社の蓄積技術や得意技術を視野に入れるとなおよい．従来の企画の考えとは異なり，仮説の発見，検証は十分に行うので，はじめは漠然としたものでも構わない．

①　インタビュー調査

「グループインタビュー」は数名の対象層の顧客に集まってもらい，グループ内コミュニケーションの相乗効果から新たな（潜在ニーズの）仮説発見を期

第2章 商品企画七つ道具

図表2.7 商品企画七つ道具手法の流れ（周辺も含めた詳細）

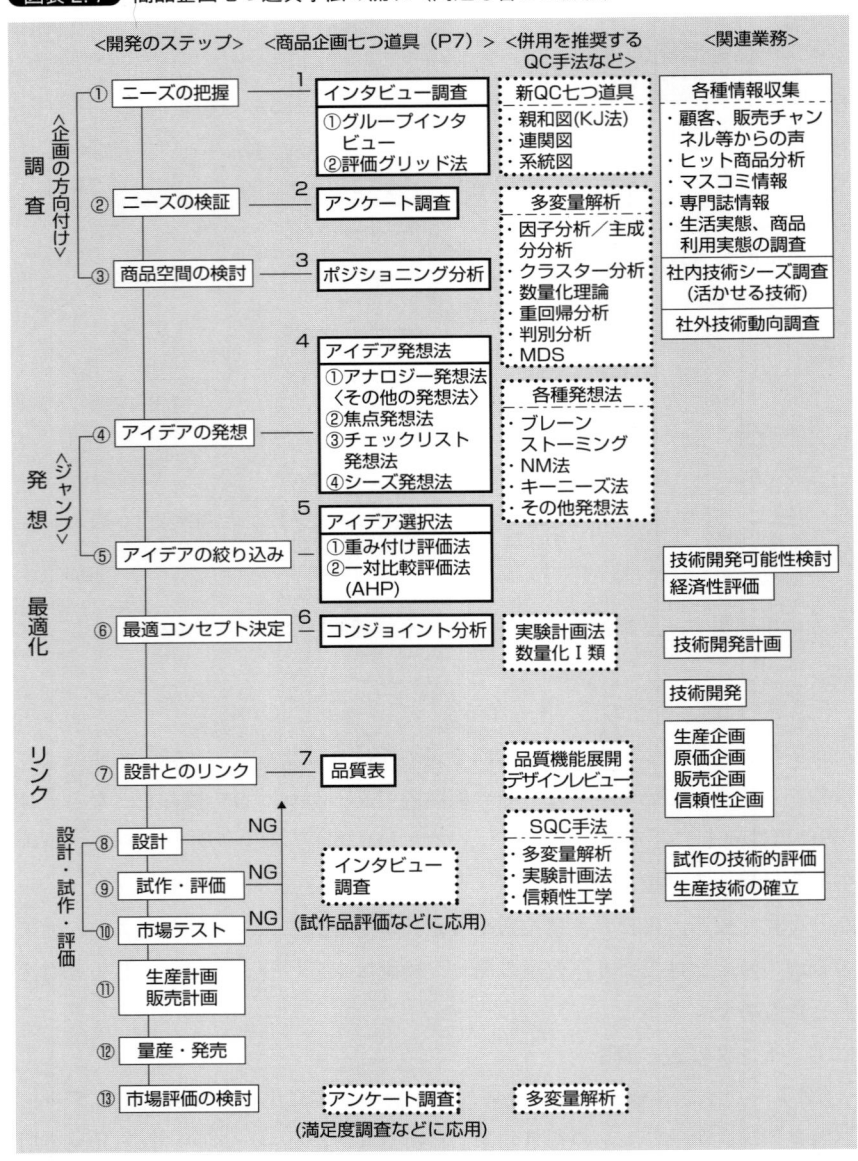

開発のステップ	商品企画七つ道具（P7）	併用を推奨するQC手法など	関連業務
〈企画の方向付け〉調査 ① ニーズの把握	1 インタビュー調査 ①グループインタビュー ②評価グリッド法	新QC七つ道具 ・親和図（KJ法） ・連関図 ・系統図	各種情報収集 ・顧客、販売チャネル等からの声 ・ヒット商品分析 ・マスコミ情報 ・専門誌情報 ・生活実態、商品利用実態の調査
② ニーズの検証	2 アンケート調査	多変量解析 ・因子分析／主成分分析 ・クラスター分析 ・数量化理論 ・重回帰分析 ・判別分析 ・MDS	
③ 商品空間の検討	3 ポジショニング分析		社内技術シーズ調査（活かせる技術） 社外技術動向調査
〈ジャンプ〉発想 ④ アイデアの発想	4 アイデア発想法 ①アナロジー発想法〈その他の発想法〉 ②焦点発想法 ③チェックリスト発想法 ④シーズ発想法	各種発想法 ・ブレーンストーミング ・NM法 ・キーニーズ法 ・その他発想法	
⑤ アイデアの絞り込み	5 アイデア選択法 ①重み付け評価法 ②一対比較評価法（AHP）		技術開発可能性検討 経済性評価
最適化 ⑥ 最適コンセプト決定	6 コンジョイント分析	実験計画法 数量化Ⅰ類	技術開発計画 技術開発
リンク ⑦ 設計とのリンク	7 品質表	品質機能展開 デザインレビュー	生産企画 原価企画 販売企画 信頼性企画
設計・試作・評価 ⑧ 設計 NG ⑨ 試作・評価 NG ⑩ 市場テスト NG	インタビュー調査 (試作品評価などに応用)	SQC手法 ・多変量解析 ・実験計画法 ・信頼性工学	試作の技術的評価 生産技術の確立
⑪ 生産計画 販売計画			
⑫ 量産・発売			
⑬ 市場評価の検討	アンケート調査 (満足度調査などに応用)	多変量解析	

待する強力な手法である．仮説の検証もある程度可能である．できれば企画担当者自身が生々しい意見を直接聞くと大いに参考になる．

「評価グリッド法」はサンプル商品やデザイン，仮想イメージなどを個々の顧客に比較評価してもらい，自身の言葉で表現してもらう手法で，評価構造がよく把握でき，意外なヒントが得られる．今回の改訂で追加した手法である．グループインタビューとは相補的であるので，目的により使い分ける．

② アンケート調査

アンケート調査は最もポピュラーな調査手法であるが，グループインタビューまたは評価グリッド法と組み合わせ，事前に深堀りして十分に仮説を用意してから実施するとその効果を遺憾なく発揮する．ニーズの発見よりも，検証が第1の目的であり，過大な期待と準備不足はともに禁物である．

統計（とくに多変量解析）の知識があると，分析を意図したアンケート設計ができるので効果的である．

③ ポジショニング分析

アンケート調査で商品評価を行い，集約された総合的な軸を描き，各商品ごとの中心位置を図示したマップをつくる．このマップ上で，1）商品の位置の分布状況，とくに既成の商品や仮想商品の位置を検討する．2）顧客の意識の「すきま」を客観的に発見する．3）顧客が購買意欲を高めるような理想的方向をマップ上に図示する．この方向上にすきまや仮想商品があれば，きわめて有望である．

④ アイデア発想法

発想法ではなるべく多くのユニークなアイデアをだし，調査段階で得た方向性を基準にして絞り込みを行うことがたいせつである．画期的なアイデアを大量生産する「アナロジー発想法」「焦点法」など，4種のシステマティックな発想法を提唱している．ここで前段までの方向を念頭に入れつつも大いにジャンプをはかることが重要である．

⑤ アイデア選択法

大量のアイデアから質のよい，使えそうな2～3のアイデアに絞り込む手法．

「重み付け評価法」はウェイトを決めて顧客（または企画担当者）が点数評価する．「一対比較評価法」はAHPという最新の手法で，ウェイトもアイデアも2つずつのペアを比較評価してまとめ上げる方法である．絶対評価よりもやりやすいが，ペアの数が多いと負担が重くなるので，少数のアイデアの評価に適する．

⑥　コンジョイント分析

前項で選択したアイデアやこれまでの確定方針を取り込んで，コンセプトの細目を最良なものに（総合的な商品力を最大に）仕上げるのに大変有効な手法である．各アイデアの重要な要素（たとえば価格，材質，色，デザイン，付加機能など）を取り上げ，これらの組み合わせパターンをシステマティックに作成し，顧客に提示して順位付けしてもらう．そのデータを解析して最適な組み合わせを求めれば，それが自動的に新商品の「最適コンセプト」となる．

⑦　品質表

前項で得た最適コンセプトを基本に，顧客側として実現すべき要求を系統的に整理する．つぎにそれと関連をもつ技術特性を列挙する．「要求」と「技術特性」をマトリックス状に関連づけ，コンセプトを的確に技術の言葉に変換する．重要特性や開発のネックもこの表のなかから明らかにできる．

（4）　手法の正当性

これら7つの手法は，本シリーズの執筆者全員の討議により，2.2節で述べた商品企画七つ道具の理想方向に合致し，使える手法を多くの候補手法のなかから次の基準で選択した．

①　使いやすいこと

理論的には申し分ないが，実施するのにあまりに難しかったり，膨大なソフトウェアが必要だったり，長大な時間や多大な手間がかかるものは避ける．ただし，理論的にあるいは手間の点で（通常は）大変なものでも，パソコンで実現できそうなら入れる．

②　パソコン化できる

21世紀の企画マンはIT（情報技術）の活用を前提に企画も実施しなければ

ならない．ネットからヒントを得たり，それを直ちにアンケート調査票にしてメールで調査したり，コンジョイント分析用カードをパソコン上で発生させてすぐに配ったりと，すべての手法が一般的な小型パソコン上でスムースに実現できることも重要なポイントである．このために割愛せざるを得なかった手法もある．

③ 実績がある

未来的，実験的手法も個人的には興味があるが，①や②の条件を考え，普及できるようにすると，ある程度実績の認められた手法とならざるを得ない．特に解析的手法は導入に抵抗感を与えることがあるので，慎重に考慮した．

④ 単独でも有用

全部使わないと効果を発揮しない，というのではだれも見向きもしない．組み合わせると効果的ではあるにせよ，たった1つを使っても「なるほど，今までと違う」と思える手法を用意する．アンケート調査などは従来からある定番手法だが，調査票の作成・分析面では新たな発見があるように提案する．

以上の視点で手法を探索し，理想的な適用順序を考えて配列を行った．この選択が正当なものかどうかは，ユーザーである読者の方々が実際に活用して検証していただくのが一番であるが，幸いにも，セミナー，講演会などでの反応はきわめて好評である．実際に企業単位での活用事例も毎年上がってきており，筆者自身も1年間に10件以上のプロジェクトに関与しているが，手法面でこの手法には困った，という経験はまずない．ただ，従来版の商品企画七つ道具ではシステムとして多少弱い面があったことは否めないので，今回の改訂に合わせて思いきって商品企画七つ道具そのものを「新商品」に切り替えた（その経緯は巻末付録を参照）．

参考までに，2.1節（5）で取り上げた商品企画実態調査で，企業が商品企画で実際活用して有用と思っている手法を調べた結果があるので，図表2.8に掲載する．利用度もほぼこのグラフと比例している．ただ，この調査時点（1996

第 2 章　商品企画七つ道具

図表2.8　企画に役立つ手法

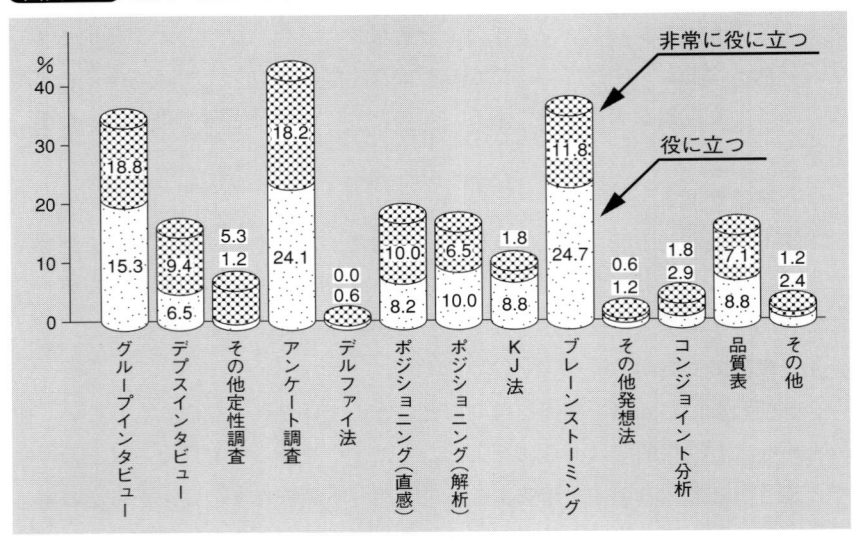

手法	役に立つ	非常に役に立つ
グループインタビュー	15.3	18.8
デプスインタビュー	6.5	9.4
その他定性調査	1.2	5.3
アンケート調査	24.1	18.2
デルファイ法	0.6	0.0
ポジショニング（直感）	8.2	10.0
ポジショニング（解析）	10.0	6.5
KJ法	8.8	1.8
ブレーンストーミング	24.7	11.8
その他発想法	1.2	0.6
コンジョイント分析	2.9	1.8
品質表	8.8	7.1
その他	2.4	1.2

年）では商品企画七つ道具はまだ普及の端緒についたばかりで，商品企画七つ道具の手法をすべて入れることはできなかった．このグラフからも，グループインタビューやアンケート調査，ポジショニング分析，品質表は有用という意見が感じられる．今なら，ポジショニング分析（解析的な）やコンジョイント分析，その他発想法は大きく伸びているものと考えられる．発想法はブレーンストーミングが圧倒的に支持されているが，「役に立つ」に対する「非常に役に立つ」の比率が他よりも小さい．KJ法にいたっては更に小さい．「非常に役に立つ」発想法の開発を望む潜在ニーズをここから感じるのは筆者の欲目であろうか．

喋らない人を喋らせる方法

　最近, 何十ものグループインタビュー（グルイン）をやっていて面白いことに気がつきました. それはあまり場が盛り上がっていないので飲み物（ノンアルコール）を出したときです. 急にみんなが喋りだしたのです. つぎにお菓子を出したら, 一段と喋りだしました. うそのように思えるかもしれませんが, ほとんどのケースでこのように場の雰囲気が一変しました.

　さらに詳しく人間ウォッチングをすると, よく喋る人はほとんど食べ物や飲み物に手を出さないのですが, あまり喋らない人は, よく食べ, よく飲んでいます. 喋らない人は平均的に2時間のグルインで, 1人で2リットルのペットボトルを2本も飲んでしまうのです. このようなことを観察していると, やはり自分から喋り出すことが（緊張もあって）苦手な人は, 飲み物や食べ物がないとなにもすることがなく, 自分がなにもしていないことがよく目立ち,「なんとかして喋らないと」というプレッシャーが無意識にかかり, 余計に喋れなくなっているような気がします. 飲み物は, 自分が喋る前に飲んだり, 喋り終わった後に飲んだりして緊張をほぐす, 潤滑剤になっているように感じられます.

　このように喋らない人を喋らすようにさせる場の雰囲気づくりには, 司会者の努力も大切ですが, たくさん飲んで, 食べていただくのが効果的です. 人から意見を聞き出すことはとても難しいことですが, 意外な策が意外な成果を上げることがあるのです. やはり, 実感してみないと, わからないものです.

（丸山）

❸ 商品企画七つ道具による企画の概要

事例とともに理解する商品企画七つ道具

すごい！ これ考えた人は天才よね！

この章では，ある仮想的な（といっても極めてリアルで，実際に調査・解析もした）事例を取り上げ，そのストーリー展開に沿って商品企画七つ道具の概要を解説する．

前著で仮想企業・成城製薬株式会社の栄養ゼリーの商品企画を事例として取り上げた．現実にこれに近いコンセプトの商品がまったく同価格で某食品会社から発売されたところを見ると，仮想とはいえ決して空想的な商品企画ではないといえる．今回は，さらに成城製薬の新規の商品企画として，入浴剤に取り組むこととなった[1]．

3.1 プロローグ
── 商 品 企 画 七 つ 道 具 以 前 に ──

（1） 商品企画七つ道具以前に

いきなりインタビュー調査，ではなく，まずターゲットとなるユーザー層をおおまかに想定し，予備的な情報収集をする．担当者でのブレーンストーミングはもちろんのこと，一般的な資料収集から市場動向のデータ調査，販売店での調査，さらに（これが最も重要だが）ユーザーの直接的な意見を聞きにでかけるのがよい．家庭用品なら家庭に，オフィス用品ならオフィスに，生産財なら工場に出向く．手間はかかるが，最も大切なのは使われる「場」（シーン）をリアルに知ることである．ユーザーは多数の選択肢のなかから悩みつつ（あるいは気軽に）自分の場にふさわしいものを購入して使う．その間の事情を理

---

[1] 実際にこの企画に取り組んだのは成城大学神田ゼミナールの1998年度の2年生4名で，以下で登場するプロジェクトチームのメンバーである（本人たちの希望により実名で登場）．2年次ゼミナールの演習としてグループでテーマを決め，1年がかりで取り組んだ．仮想ではあるが，かなりの人数の若い女性の意向を取り入れた，ユニークな商品の提案になっている．本書ではこれに解説の都合上変更を加えているが，基本コンセプトはそのまま用いている．

解しないといけない．そのうえで，不満や要望を聞き，いくつか仮説を抽出することが必要である．以上は厳密なものでなくてよい．以降の調査のプロセスで本質（とくに，潜在ニーズ）は順次明らかになるからである．

商品企画は埋もれた宝（顧客の潜在ニーズ）の発掘作業に似ている．地図なしに未知の地域に「適当に」降り立つのはいかにも効率が悪い．大体，○○地方にありそうだ位の地図があれば助かる．

（2） 入浴剤の事例

成城製薬株式会社企画部長の神田は，前回の OL 向き栄養ゼリー「キララ」の大ヒットで商品企画七つ道具の威力を実感した．朝夕の通勤電車のなかで近くにいる OL がハンドバッグからなにか取り出すしぐさをすると，「キララかな」とついついのぞき込んで，「怪しいオジサン！」という表情でにらみ返されることがしばしばであった．

さて，企画部ではいろいろな商品企画プロジェクトが商品企画七つ道具ないしはその一部の手法を使うことで，ずいぶんとスムースに進行するようになってきた．商品企画七つ道具は今や成城製薬ではなくてはならないツールである．企画部に異動した者は，まずは定番である，日科技連の商品企画七つ道具コースを修了しなければ実際のプロジェクト担当にはなれない．

家庭用品グループでは次の 4 名がバス，トイレ関係の企画担当になり，張り切っている．

- **橋本吉昭**（リーダー）：ラグビー好きの体育会系．みんなのやる気をかき立て，ぴしっと締めながら見事に進行させる．少しだけ年上で，恰好のリーダータイプ．営業から企画部に回ってきた．
- **鮎沢竜也**：解析，パソコン面の中心．真面目で理想派タイプ．研究開発部から回ってきたシャープな技術系．
- **阿部和江**：元営業部員．はつらつとしてよく気が回るタイプ．インタビューやプレゼンなどで人と接するのは大得意．
- **松村有香**：企画部の新人．好奇心旺盛でいいたいことをどんどんいえるタイ

成城製薬・入浴剤の企画メンバー
鮎沢　松村　阿部　橋本

プ．物おじしないので調査が得意．

　さて，神田部長は，キララとは対照的に売れ行きの芳しくない入浴剤をなんとかするように指示を与えた．どんな方向がありうるのかは，現段階でははっきりいってわかっていない．まさに潜在ニーズ探索から入る世界である．
　4人の間では次のような会話が交された．

　　　　　　　＊　＊　＊　＊　＊　＊　＊　＊　＊　＊　＊

橋本　「次の企画だけど，神田部長の指示で，うちは入浴剤をしばらくリニューアルしてなくて，なにかあっといわせるようなすごい物がほしいそうだ．たしかに店で見ても，入浴剤はたくさんでているけど，意外と似通ったものが多いよね．とくに若い人向きのものはありそうで，あまりないな」

阿部　「たしかに．うちの温泉旅行シリーズは明らかに物真似商品です．ツムリ社の温泉シリーズにないのを捜しただけで，大体，湯けむり天国とか，名前がピンとこないですね」

鮎沢　「うーん，でも効能はすごいって研究のメンバーの間では評判だったよ．僕も何回か試作品を家にもち帰って使ったけどね，真冬でもぽか

ぽかとずーっと暖かかったよ」

松村　「でも，現実に売れてないでしょう．イメージがあいまいなのよ．うんとおしゃれで，"ワッなにそれ!!"っていうのが若い女性はほしがっていると思うわ」

鮎沢　「たしかに売れなきゃどうしようもないもんね．それいわれるときついな」

阿部　「リーダー，思いきりユニークな，新聞や雑誌でこぞって話題に取り上げるような物を考えましょう．ウチのイメージをひっくり返すようなものを」

橋本　「オーケー，オーケー．早速市場にある物のサンプルを買ってみんなで試してみよう．明日からお風呂に入るのも仕事だよ!!　それから松村君，とりあえずまわりの連中に，どんな入浴剤使っているか調査をしてみて」

* * * * * * * * * * *

　メンバーは近くにある会社の寮や宿直員用の浴室を借りて入浴三昧．自宅でももちろん毎日違う入浴剤を使って比較検討した．また，周辺の部課の社員対象に，家で使用している入浴剤とその印象，満足度を直接聞いて回った．ダイレクトな観察法で調査をするために，社で契約している社外モニターの主婦10名の自宅を訪問して浴室を見せてもらい，入浴の状況や入浴剤について根掘り葉掘り聞いて，浴室や入浴剤をビデオに収めてきた．もちろん，最近の市場での売上動向の調査も怠りない．

　これらの予備調査の結果，仮説として，次のようなことがクローズ・アップされてきた．

① 入浴剤に余り満足している人がいない．その結果，いろいろな物を次々と試している人が意外と多い．

② 効能の差別化がはっきりせず，目立つ商品が少ない．

③ 現実に売れているのはいわゆる有名大手メーカーの定番品であるが，ときどきは面白い，変わった風呂に入りたいと思っている人が多い．これは

若い人ほど顕著で,とくに女性はその傾向がある.

このようなことから,かなり漠然としたイメージではあるが,若い女性向きのユニークで楽しい入浴剤という方向が浮かんできた.

中心となるターゲットは20〜30代の女性と考えたが,実際は中・高校生から40代くらいまで対応したいところである.

3.2 インタビュー調査

(1) インタビュー調査とは

インタビュー調査は
① グループインタビュー
② 評価グリッド法

の2つの方法からなっている.この他にもいくつかの方法があり,この2つでないと困るというわけではない.大切なのは,いきなり時間も費用もかかる定量的な調査に入るのではなく,顧客の意見を直接的に,定性的に把握して良好な仮説を打ち立てることである.

勝手な思い込みを排除し,なおかつ予想外の「はっとする」ような仮説を発見することである.その後で定量的な調査を実施することが最高に効率のよい

写真 3.1 グループインタビューの風景

方法である．

　この2つの手法は目的とやり方が対照的である．

① 　グループインタビューはユーザー（またはユーザーになりそうな人）を数人集めて自由な意見交換をしてもらい，そのなかから，新商品のヒントを得る手法で，参加者が積極的で，司会者が要領を得ていれば，グループ内の心理的な相乗効果からかなりの成果が期待できる．司会者はある程度の質問事項を用意しておくが，それにこだわらずに自在に流れをコントロールする．

　グループインタビューの場合，場所と時間を共有することが必要で，それだけ制約がきつい．先入観を与えないよう，また，いいにくいことも気軽にいえるよう，第三者（リサーチ会社など）に依頼して実施することも多い．

　発言はすべてVTRやカセットテープに記録し，KJ法（親和図）などで図表化してレポートするとよい．

② 　評価グリッド法は讃井[39][40]が開発した「レパートリーグリッド発展手法」のことで，グループインタビューに比し自由奔放でユニークな意見はでにくいが，各個人に対して一定の評価対象を一定の方式で評価してもらうため，時間や場所の制約が少なく，インタビューはだれでもできる．何人かに対して実施し，発言を枝分かれ式の図にまとめることにより，全体の評価構造を把握して，適切な評価用語が発見できる．予想外の評価基準が発見できれば，それは潜在ニーズの糸口となる．アンケート調査の予備的調査としてもきわめて有効である．

　実際には商品の実物，カタログ，イラスト，説明文等を何パターンか用意し，2つずつ取り上げて，次にあげるような一定のパターンに従って評価してもらう．この際，実施者は自分の意見は一切言わず，主観を入れない．

　あとで個人別の評価構造図を書き，それをさらに融合させて全員の構造図を作成する．サンプル商品が多い場合はグループ分けしてもらい，その

理由を尋ねる方法がある．

インタビュー１：オリジナル評価項目の抽出

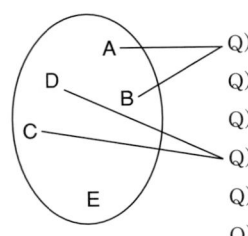

Q) AとBとでは，どちらを買いたいと思いますか → Aです
Q) なぜ，Aのほうがよいとお考えですか → Aの方が○○だから
Q) 他には，いかがですか → Bは××なのがいや
Q) CとDとでは，どちらを買いたいと思いますか → Dです
Q) 同様に，その理由を教えて下さい → Dは△△なのが魅力
Q) AとEとでは，どちらを買いたいと思いますか
（以下同様に組み合わせを変えて実施）

インタビュー２：ラダーリング（上位，下位概念の導出）

＜上位概念＞（より抽象化してもらう）
Q) ○○だと，あなたにとって，なぜよいのですか → ◎◎だからです

＜下位概念＞（より具体化してもらう）
Q) ○○であるためには，あなたはなにがどうなっていることが必要だとお考えですか
→ 色が◆◆なことです
→ □□が付いていることです

調査のまとめ

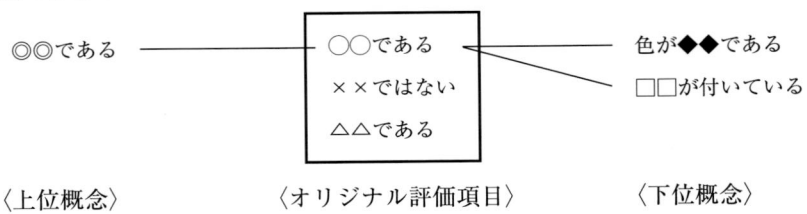

◎◎である ── ○○である ── 色が◆◆である
　　　　　　　××ではない　　　□□が付いている
　　　　　　　△△である

〈上位概念〉　〈オリジナル評価項目〉　〈下位概念〉

（２）入浴剤の事例

企画チームはグループインタビューと評価グリッド法の両方を実施すること

にした．各々一長一短があるからで，グループインタビューは意外な意見に魅力があり，発見が多い．評価グリッド法は物を見せて評価の階層構造を見るのに適している．また，次のアンケート調査で使う評価項目を得るのにも大変に参考になる．

過去の企画部での経験から，グループインタビューは社内ではなく，本音のでやすい外部の専用スタジオを借り，阿部・松村がインタビューアになり，3回，6名ずつ計18名で生々しい声を取った．

系列の成城リサーチに依頼して，活発に意見をいってもらえ，好奇心のある女性を10代，20代，30代で各々6名ずつ集めた．対象者が若い女性でテーマも入浴ゆえ，司会者は女性のほうが当然好ましい．図表3.1がその全体のおおざっぱなまとめだが，（袋入りの）入浴剤を入れた後のゴミの始末が面倒とか，自分で色が選べないなど意外なところで不満があった．そこからでた要望として，パッケージごと溶けるとか色が変化するとかはユニークで，予想外の提案であった．

これらの提案は後々も活かされることになる．

さて，評価グリッド法は初めての体験ゆえ戸惑いもあったが，スーパーや量販店店頭での比較評価を再現するために実物を15種類並べ，

① 買いたいグループ
② どちらともいえないグループ
③ 買いたくないグループ

に区分してもらい，①，②，③のなかの2グループ間の比較を行い，分けた理由をどんどんだしてもらう方法を採った．グループインタビューの前に，個人別に一斉に実施したので大変効率よく行えた．この手法は全体の商品評価の構造がきわめてよく見通せる長所がある．計18名の評価をまとめた評価構造図を図表3.2に示す．太線は同じような回答が何人か重なった重要項目である．

潜在ニーズとなりそうなのは，図表3.2の下のほうの「お風呂が楽しくなる」で「面白そう」―「なにかがでる」である．ここは議論がでた点だが，実際に

図表 3.1 入浴剤のグループインタビューのまとめ

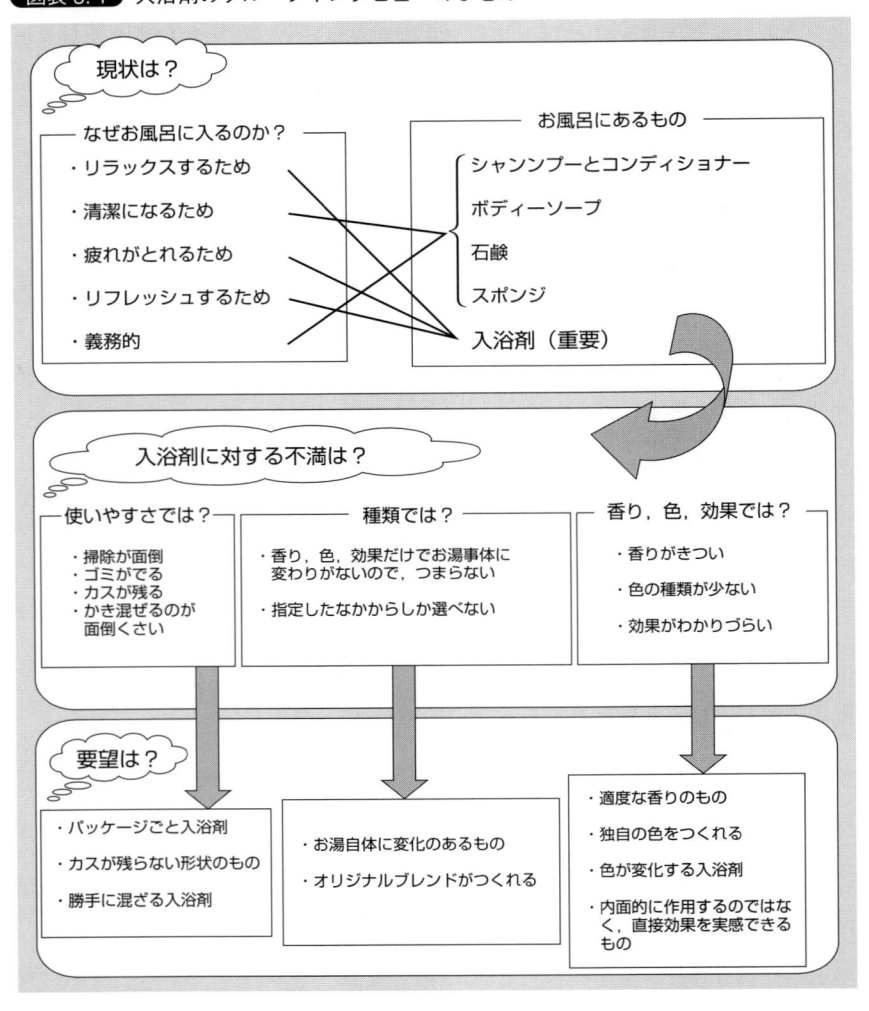

現状は?

なぜお風呂に入るのか?
- リラックスするため
- 清潔になるため
- 疲れがとれるため
- リフレッシュするため
- 義務的

お風呂にあるもの
- シャンプーとコンディショナー
- ボディーソープ
- 石鹸
- スポンジ
- 入浴剤(重要)

入浴剤に対する不満は?

使いやすさでは?
- 掃除が面倒
- ゴミがでる
- カスが残る
- かき混ぜるのが面倒くさい

種類では?
- 香り,色,効果だけでお湯自体に変わりがないので,つまらない
- 指定したなかからしか選べない

香り,色,効果では?
- 香りがきつい
- 色の種類が少ない
- 効果がわかりづらい

要望は?

- パッケージごと入浴剤
- カスが残らない形状のもの
- 勝手に混ざる入浴剤

- お湯自体に変化のあるもの
- オリジナルブレンドがつくれる

- 適度な香りのもの
- 独自の色をつくれる
- 色が変化する入浴剤
- 内面的に作用するのではなく,直接効果を実感できるもの

なにかがでる入浴剤があるわけではなく,回答者の要望事項である.また,最下段にはグループインタビューでも話題になった,袋のゴミ処理が楽なものがいいという意見がある.これが第1の選択理由ではないようだが,興味深い.

図表3.2 評価グリッド法の結果

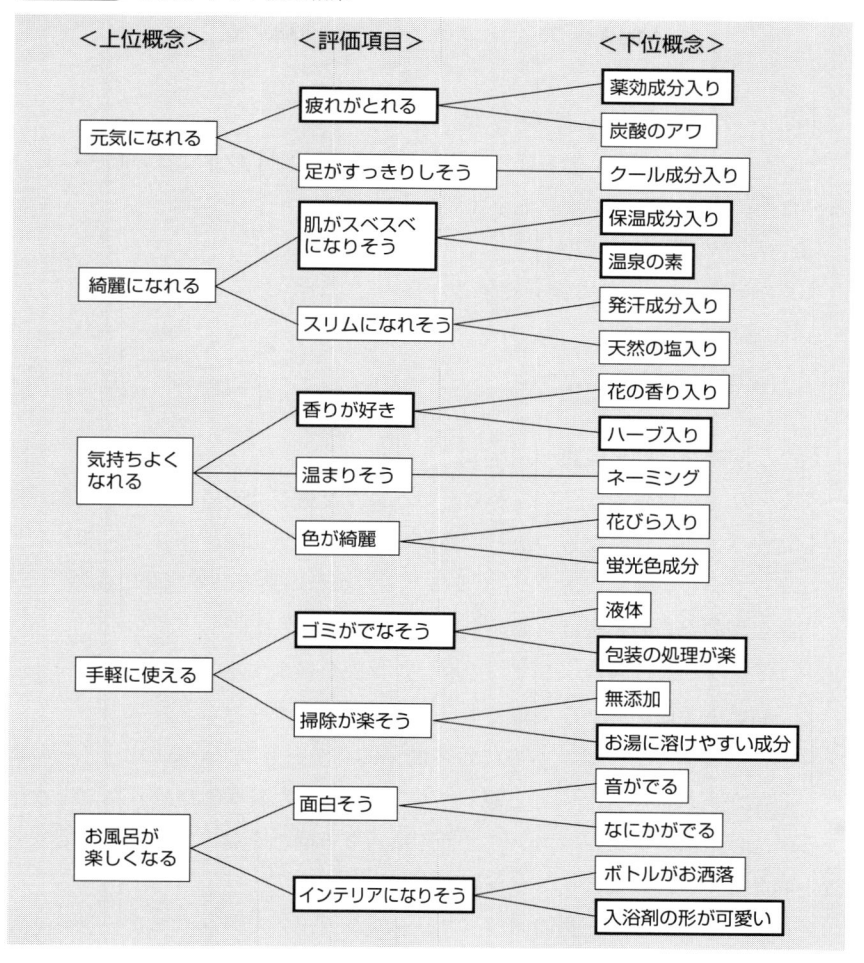

＜上位概念＞	＜評価項目＞	＜下位概念＞
元気になれる	疲れがとれる	薬効成分入り / 炭酸のアワ
	足がすっきりしそう	クール成分入り
綺麗になれる	肌がスベスベになりそう	保湿成分入り / 温泉の素
	スリムになれそう	発汗成分入り / 天然の塩入り
気持ちよくなれる	香りが好き	花の香り入り / ハーブ入り
	温まりそう	ネーミング
	色が綺麗	花びら入り / 蛍光色成分
手軽に使える	ゴミがでなそう	液体 / 包装の処理が楽
	掃除が楽そう	無添加 / お湯に溶けやすい成分
お風呂が楽しくなる	面白そう	音がでる / なにかがでる
	インテリアになりそう	ボトルがお洒落 / 入浴剤の形が可愛い

ただ，現行商品全体にわたる不満や「あっと驚くような」発見あるいは提案は難しかった．やり方からして，ユニークな提案はグループインタビューのほうがでやすいようである．

3.3 アンケート調査

(1) アンケート調査とは

アンケート調査はよく知られた調査手法であるのでまわりくどい説明は避ける．ただ，次の4つのポイントを強調したい．

- (a) 明確な目的・仮説
- (b) 適切な調査方法と調査対象者
- (c) 適切な調査票
- (d) 適切な分析

(a) 明確な目的・仮説

なんとなく，毎年やっているからというような調査はやめるべきである．報告を見て「まあ，こんなものか」で終わる場合は現状認識ばかりで，ほとんど役に立っていない証拠である．「なるほど！」がない調査は無意味である．

商品企画のための調査は（商品企画七つ道具では）

① インタビュー調査（など）で導いた仮説を検証する
② 顧客の評価データを集めてポジショニングにつなげる

を目的に実施する．①は「本当に顧客は～に不満をもっているのか」「～のような商品があれば購入したいと思っているか」「その限度価格は」などを検証する．②は，次のポジショニング分析で最適な方向性を見出すために，現状で近い商品群や仮想商品のイメージ調査を行う．

アンケート調査でも，自由回答（フリーアンサー）でのユニークな意見や分析のプロセスのなかで抽出される発見はもちろんあるが，その方式からして，「画期的発見」をめざす手法とはいえない．

(b) 適切な調査方法と調査対象者

だれに，いつどんな方法で調査するか．検証的，定量的であるため，きわめ

て計画的に実施する必要がある．

アンケート調査の方式は電話，郵送，面接，インターネット等があり一長一短である．前記の目的②には電話調査は困難．インターネットはターゲット層に合うかは問題だが，先進的な層の意見はすばやく取りやすい．郵送法は一般的だが，時間がかかり，回収率が低いと回答精度が問題になる．

サンプリングはランダム（無作為）に名簿等で行う．社会調査と異なり，数よりも質（ターゲット層に合致する）が重要．1000人単位はまず必要ない．質がよければ100人でもOK．層別して分析する必要があるなら，各層ごとに50名ぐらいはほしいところである．

なにか（平均値やら比率やら）を推定するときの誤差は，サンプル数の平方根に反比例するので，余り莫大な数を取っても効率が悪い．100人が400人になって費用が4倍かかっても，推定の精度は2倍（誤差が1/2）にしかならない．

回答者がターゲット層にあることはもちろんだが，回答意欲があり，正確な回答を提供してくれる層であること（または，そのような動機づけの手段を使えること）が必要である．

（c）　適切な調査票の作成

回答する側に立って，見やすく，わかりやすく，答えやすい調査票をつくることが必要である．次のような事項に注意するとよい．

① 　長すぎず，短かすぎず……回答時間10分くらい（A4判で4枚内外）ならちょうどよい．長いものは謝礼額や回答者の意欲に依存する．
② 　全体像が明快……意味，意図がわからないと疲れて嫌になる．全社の各部署からの要求羅列式は最悪．目的を絞ること．
③ 　あらかじめキーワードの抽出を……事前の準備が大切．10分のアンケートでも3日の検討を．インタビュー調査での発言を質問のキーワードとして使うとよい．
④ 　自由回答式より選択式を……自由回答で「思わぬヒント」もありうる

が，そのためのアンケート調査ではない．原則として選択肢を用意し，自由回答欄も付けておく．
⑤ 解析がわかるとアンケートつくりは激変……解析できるアンケートでないと価値は半減する．解析のプロを企画チームに入れるか，社内外のプロに相談すること（いない場合は社内で養成すること）．
⑥ 商品評価を入れる……段階評価（通常5段階）で代表的な商品サンプルに対する評価を聞く．仮説を検証したり顧客の意向を探索するために仮想商品（コンセプト）を入れることもある．ただ，対象商品数×評価項目数の評価を顧客に求めるため，この部分は時間がかかる．あまり多数の評価を求めるのは嫌がられる．ポジショニング分析のためには，商品は通常5以上，評価項目は通常10以上は必要である．
⑦ 細かなチェックを
- 簡単な質問から入り，困難な質問は後半に置いているか
- 枝分かれが多くないか
- 段階評価は奇数段階，左右対称にしているか
- 2つのことを同時に聞いていないか
- 意味不明な用語はないか
- 複数回答を許すかどうかわかるか
- 熱心さのあまり，答を誘導していないか
- 総合評価項目をいくつか入れたか

（d） 適切な分析方法
＜カテゴリー（分類）項目＞
① 単純度数集計
② クロス度数集計……同時に該当する度数を計り2項目の関係をチェック．立体グラフなどで表す．組み合わせが多い場合は主要なものに絞って．
③ 関連性マップ……多変量解析の「数量化Ⅲ類」（図表3.3）を用いて作

3.3 アンケート調査

図表 3.3 数量化Ⅲ類による関連性マップの例

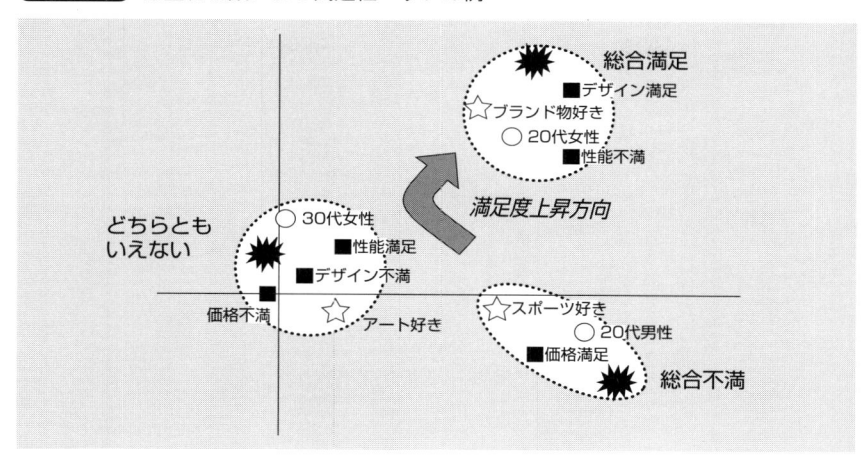

図表 3.4 スネークプロットの例

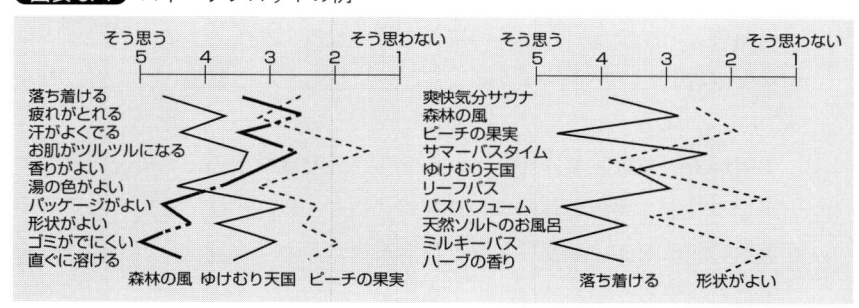

成する，項目間の関連が強いものが近く，弱いものが遠くに配置される便利なマップ．満足・不満の評価も取り上げると，満足度と個人属性や個々の満足評価項目との関係がわかる．

＜数値，段階評価項目＞
① 平均値，標準偏差……中心位置とばらつき．層別して求めるとなおよい．

図表3.5 CSポートフォリオの例

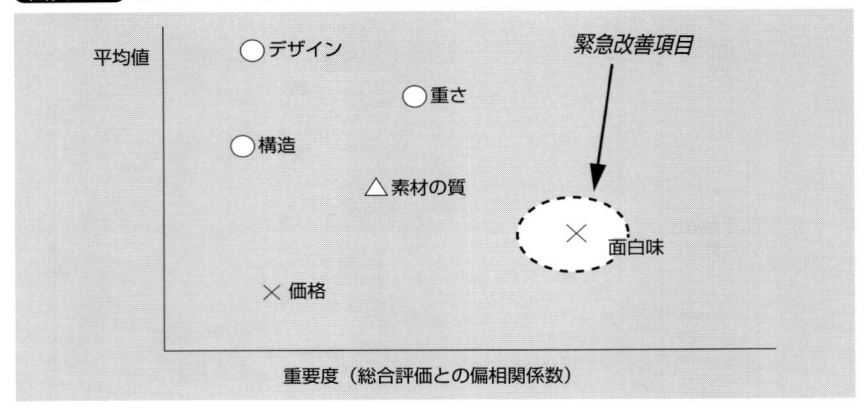

```
平均値
          ○デザイン           緊急改善項目
                 ○重さ              ↓
          ○構造
              △素材の質
                        ┌ ─ ─ ┐
                        │  ×  │面白味
                        └ ─ ─ ┘
          ×価格

              重要度（総合評価との偏相関係数）
```

② スネークプロット（図表3.4）……平均値を折れ線グラフ化．評価対象商品別のグラフは特徴を対比するのにとくに役立つ．

③ 相関係数……項目間の直線的関係を見る尺度．−1〜1の範囲．±1は完全な直線．1に近ければ「ほとんど同じ挙動を取る似通った項目」となる．

④ 要因解析……重回帰分析を用いて総合評価尺度を要因項目で説明するモデルをつくる．要因の強弱は標準回帰係数や t 値，F 値で推定する．説明変数間の相関が高い場合は変数を取捨選択するか，主成分分析や因子分析で予め縮約する．

⑤ CSポートフォリオ（図表3.5）……各項目ごとにレベル（平均値）と重要度（総合評価への影響度）を計算し，マップ化する．課題の緊急性が理解できる．重要度は総合評価への偏相関係数（または相関係数）で測る．図表3.5の右下部分は緊急改善項目になる（重要だが，満足度は低い）．

（2） **入 浴 剤 の 事 例**

企画メンバーは3回のインタビュー調査（評価グリッド法＋グループインタビュー）で得た仮説と，評価用語をベースに，議論を重ねて，図表3.6のようなアンケート調査票を作成した（部分）．前回のヒット商品「キララ」以降，

図表 3.6 アンケート調査票の例（アンケート本体の一部）

```
Q3. 入浴剤を選ぶ時の基準は次のうちどれですか？（○はいくつでも）
   1. 日常的に気軽に使えるもの   2. 目立つもの      3. 高級感        4. 個性的なもの      5. 格好良さ
   6. デザインやイメージ        7. 流行もの       8. 新しさ        9. CM・広告         10. 雑誌の記事
  11. メーカー名              12. 商品名       13. 美容効果     14. 疲労回復効果      15. ダイエット効果
  16. リラックスゼーション効果  17. 制汗効果     18. 温泉効果     19. 入浴剤の色       20. 香り
  21. パッケージ              22. 量          23. 口コミ       24. 値段            25. その他（　　）

Q4. 入浴剤に対して日頃感じている不満は，次のうちどれですか？（○はいくつでも）
   1. 香りが強い              2. 色の種類が少ない  3. ゴミが出る     4. 効能が分かりづらい
   5. カスが残る              6. かき混ぜること   7. 形状が悪い     8. 効能の効き目がない
   9. 量が少ない             10. パッケージが悪い 11. 値段が高い    12. 個性がない
  13. CM・広告              14. 面白みがない   15. 商品名       16. その他（　　）

Q5. ここからは ピーチの果実 の入浴剤を使用してみて，以下の各項目について評価して下さい．
```

	そう思う	やや そう思う	どちらとも 言えない	あまり そう思わない	そう 思わない
落ち着ける	□	□	□	□	□
疲れがとれる	□	□	□	□	□
汗が良く出る	□	□	□	□	□
お肌がツルツルになる	□	□	□	□	□
香りが良い	□	□	□	□	□
湯の色が良い	□	□	□	□	□
パッケージが良い	□	□	□	□	□
形状が良い	□	□	□	□	□
ゴミが出にくい	□	□	□	□	□
直ぐに溶ける	□	□	□	□	□
また使ってみたい	□	□	□	□	□

調査会社と協力しつつも，調査票作成と解析は完全にこちらがリーダーシップを取ることにしており，ノウハウもだいぶたまっている．それでも後の解析を考え，誘導や不明な表現に注意しながらアンケート調査票を書くのはなかなか表現力や集中力を要するきつい仕事である．

これらを，社内の入浴剤と関連しない部門の OL20 名に配布し，予備調査を行った．若干の修正後，成城リサーチのモニター，成城大学の女子学生など計 350 人の対象者を選び，自社品を含む 10 種類の入浴剤とともに持参して直接渡

し，自宅の浴槽で使用してもらって回答を求めた．回収率はなんと 93.7％．抜群の成果である．

データ入力・単純集計を成城リサーチが行った後，メンバーが分担してクロス集計，基本統計量（平均，標準偏差），スネークプロット，相関係数，CS ポートフォリオを作成した．各商品の特色や強み，弱みもはっきり浮かび上がった．得られた情報はおおむね次のようである．

① インタビュー調査ででた仮説，つまり色や香りが意外とつまらないとか，ゴミの始末が面倒といった点はほぼそのまま検証できた．
② 自社品「ゆけむり天国」は，他社商品に決して劣るものではないが，差別化できているとはいえない．
③ 評価項目のなかで，落ち着ける，疲れが取れる，ゴミがでにくいの 3 項目は総合評価に強く影響する．
④ 10 品目個別に CS ポートフォリオを見ると，「ゴミ処理」，「香り」，「美肌効果」などが要改善事項になったものが多い．
⑤ 自由意見も含めて，全体にユニークな入浴剤の出現を期待する向きはあり，とくに年代が低くなるほど強い．

3.4　ポジショニング分析

（1）　ポジショニング分析とは

ポジショニング分析とは

① いくつかの対象商品（仮想商品を含んでいても，全部が仮想商品でもよい）の顧客から見た位置関係（ポジション）を図の上で明らかにする手法である．

② 商品の評価項目間の類似関係も明らかになり，2～3の総合化した評価軸がわかる．

③ 商品と商品の間にある「スキマ」を客観的に発見できる．

④ 購入希望度，好感度等を総合的な評価項目として取っておけば，それを高める方向を表す「理想ベクトル」を表示し，今後企画すべき商品のイメージを明快に把握できるきわめて便利な手法である．

これらのことは複数の商品（または仮想商品）を複数の評価項目で，複数の評価者（顧客）が評価したデータがあれば，多変量解析[2]の「因子分析」を用いて次のような流れで実行可能である．

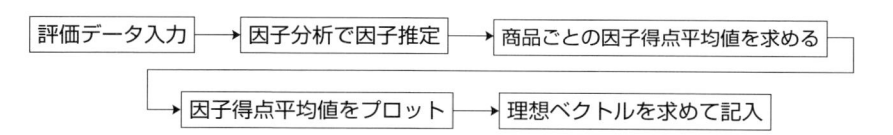

評価データ入力 → 因子分析で因子推定 → 商品ごとの因子得点平均値を求める → 因子得点平均値をプロット → 理想ベクトルを求めて記入

ここでたいせつなのは顧客の客観的評価データを用いることであり，固定観念のしみついた企画者の主観ではない．これは前節で述べたように，アンケート調査のなかであらかじめ用意する．ポジショニング分析だけのために新たに

---

[2] 多変量解析は多数の変数からなるデータを統計解析するいくつかの手法の総称で，因子分析は心理分析や商品の官能評価で多用されてきた手法である．多数の変数を，「共通因子」と呼ばれる少数の共通変数の組み合わせで表現しようとする．共通因子の評価対象・評価者ごとの値を因子得点という．

図表 3.7a 知覚マップと理想ベクトル（因子Ⅰと因子Ⅱ）

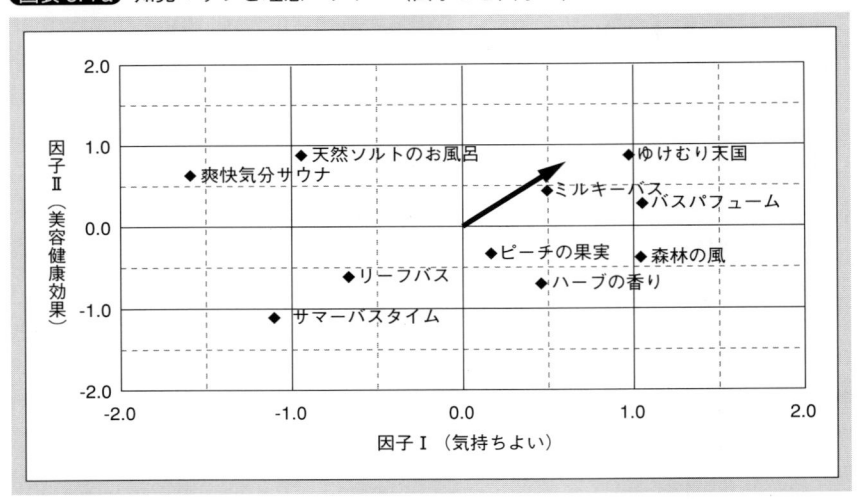

縦軸：因子Ⅱ（美容健康効果）、横軸：因子Ⅰ（気持ちよい）

- ◆爽快気分サウナ
- ◆天然ソルトのお風呂
- ◆ゆけむり天国
- ◆ミルキーバス
- ◆バスパフューム
- ◆ピーチの果実
- ◆森林の風
- ◆リーブバス
- ◆ハーブの香り
- ◆サマーバスタイム

図表 3.7b 知覚マップと理想ベクトル（因子Ⅰと因子Ⅲ）

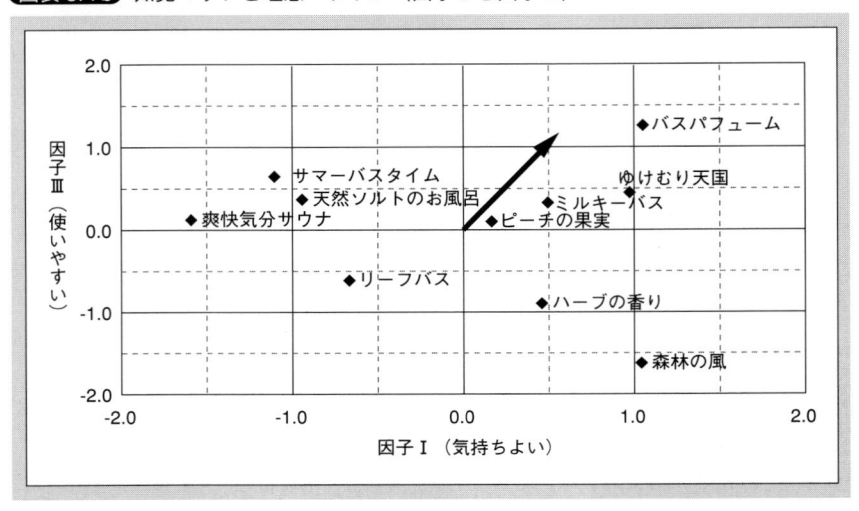

縦軸：因子Ⅲ（使いやすい）、横軸：因子Ⅰ（気持ちよい）

- ◆バスパフューム
- ◆サマーバスタイム
- ◆天然ソルトのお風呂
- ◆ゆけむり天国
- ◆ミルキーバス
- ◆爽快気分サウナ
- ◆ピーチの果実
- ◆リーブバス
- ◆ハーブの香り
- ◆森林の風

アンケート調査を実施してもよいが通常は手間がかかり厄介である．

(2) 入浴剤の事例

ポジショニング分析はアンケート調査の分析に引き続いてPLANPARTNERで一気に進行した．10個のサンプルを10の評価項目で評価してもらい，次のような3つの集約した「共通因子」にまとめた．

第1因子：気持ちよい

第2因子：美容健康効果

第3因子：使いやすい

「気持ちよい」は疲労回復効果＋色＋香りという入浴剤として最も重要な要素が詰まっている．第3因子の内容はゴミがでにくい，すぐ溶けるといった変数を集約している．これらの3因子で73%も集約しているのでだいたい十分である．ポジショニング分析で得たマップは図表3.7のa，bの2図になる．「ゆけむり天国」や「ミルキーバス」，「バスパフューム」が理想ベクトルに近い，いい位置につけている．これらに近いよさを別の形式で実現できると新商品として価値がある．全体としては，質が高く，ユニークな使い勝手を必要としているといえそうである．

3.5 アイデア発想法

(1) アイデア発想法とは

アイデア発想法はポジショニング分析で得た最適な方向に沿って創造的なジャンプをはかる方法で，商品力を飛躍的に高める重要なステップである．一般に個人のひらめきや勘に頼る商品企画ではこのステップだけが重視されるきらいがあり，他と著しくバランスを欠いている．そうはいっても多数の良質な商品アイデアがないと現実のヒット商品創造は難しい．

アイデア発想を促す基本要件を10カ条あげよう．

① 風土……異端や失敗を許す自由な組織風土を培う．
② 環境……ふさわしい職場環境を整える．快適さ＋刺激の両立をはかる．

余り静かすぎても，騒がしすぎてもいけない．
③　情報……情報の収集，分析が容易に行える環境を整備する．インターネット等のネットワークからの情報収集もきわめて重要である．
④　チーム……3人寄れば文殊の知恵．いろいろな人でチームを組むこと．男女，文理，年齢のバランスを取り，異なる発想を入れる．
⑤　動機付け……報酬，評価に反映をさせる．
⑥　アンテナ……好奇心をもち，なんにでも食いつくこと．感性を磨くこと．
⑦　集中……雑音を避け，リラックスしながらも集中すること．
⑧　描く……イメージをどしどし描く．手を使うことは脳に刺激を与える．
⑨　観察……なにをしているか，なぜそうするか，問題はどこにあるか，実際に現場で観察することは実は有力なヒントを与えてくれる．
⑩　発想法……ヒントを短時間で大量に効率よく得る手法．適した手法をうまく使うことで10〜20のアイデアはすぐにだせるようになる．

(2)　おすすめ発想法の概要

商品企画七つ道具の発想法では多数の発想法のなかから次の3分類4手法をお勧めする．

　a．革新型発想法……アナロジー発想法，焦点発想法

　　　文字どおりアッというユニークなアイデアを得るための発想法．どの企業でも現在最も要求される手法である．どちらかというと常識の否定をめざす前者（アナロジー発想法）のほうが革新的アイデアがでやすいのでお薦めするが，レベル的には後者（焦点発想法）のほうが入りやすく，使いやすい．

　b．改良型発想法……チェックリスト発想法

　　　既存商品の改良品をだしたいときに新たな視点や方向を出してくれる便利なチェックリスト．改良以外の目的でも幅広く活用できる．

　c．応用型発想法……シーズ発想法

　　　自社で保有する強み技術，素材，部品等の新たな応用を探索するための発想法．それらシーズを変形してアナロジー発想法につなげる．

以下，これら4手法の概略を述べる．

① アナロジー発想法

常識を否定し，画期的アイデアを追求したいときに使うとよい．具体的には，図表3.8のように常識からスタートして，その否定から発生する問題点を解決したり，活用したりする．

現状よくある商品や事物を取り上げ，次の6ステップでまったく異なるものに変えてしまう．

1) 常　識……固定的になっている部分，当たり前の部分．意外と気がつかないことも多いので，意識的に「当たり前」を探す．
2) 逆設定……その常識を逆にする（否定する）．
3) 問題点……常識を逆転するとたいてい問題が発生するのでそれを記述する．常識がもともと不満・不便な点の場合は「問題」がなくなることもあるが，それは構わないし，別の面で困る点が発生するならそれを記入する．
4) キーワード……問題点をなんとか無理にでも解決するためのキーワード

図表3.8 アナロジー発想法の例

ステップ⇒	①	②	③	④	⑤	⑥
〈例〉	常識	逆設定	問題点	キーワード	アナロジー	商品
（居酒屋）	酒がある	酒がない	飲めない	持ち込み	酒屋	酒屋と合体した持ち込み居酒屋
（ファミリーレストラン）	駐車場がある	駐車場がない	車で来れない	人が集まりやすいところにつくる	コンビニ	買い物ができるコンビニレストラン
（健康食品）	ドリンク	半個体	イメージが弱い	優雅な形状	シュークリーム	2つの味が楽しめる二重構造ゼリー
（健康食品）	多成分	少成分	なにに絞るか	元気で	チョコレート	ガラナエキス入り
				楽しく	ジュース	ビタミンC入り

を探す．「問題」がなくなったケースはそれを実現する手段を考える．これが新商品のコンセプトになる．
5) アナロジー……商品化を促すための類比を考える．世の中にあるシステム，生物，商品などでこのケースに使えるものはないか，近いものはないかを探す．
6) 商　品……アナロジーを応用，変形，結合してキーワードのコンセプトを実現する．

② 焦点発想法

特定の事物に焦点を当て，その要素を列挙する．各要素を商品に強制的に結びつける．連想ゲーム的な発想法であるが，存外短時間で有効なアイデアにいたる．焦点を当てる対象はなるべく自分の好きな対象や，規模が大きいまたは複雑なものがよい（バラエティに富んだ要素がたくさん得られるので）．

（例）アイスクリームから女性向きカメラへ

＜要素＞	＜中間アイデア＞	＜商品アイデア＞
トッピング	カメラを飾るモノ	カメラの表面を取り替え式に
味がたくさん	色がたくさん	その日の服装に合わせるファッションカメラ
コーンつき	支えるツール	超小型三脚内蔵
牛乳	液体入り	液晶画面で写り具合をチェックできる簡易デジカメ内蔵

③ チェックリスト発想法

視点や方向を変えたいときに役立つヒント集．ブレーンストーミングのツールとしても好適である．図表3.9に掲げた9の大項目，その小項目から成るチェックリストをヒントとしてアイデアを練る方法．とくに順序はなく，アトランダムに活用する．汎用のリストなので改作も自由であり，他の目的にも役に

図表3.9 チェックリスト発想法

1	**他への転用は （Put it other use?）** 他に使い途はないか　そのままで新しい使い途は
2	**他への応用は （Adapt?）** 他にこれと似たものはないか　過去に似たものはないか　なにか真似できないか
3	**変更したら？ （Modify?）** 楽にしたら？　使い方を変えたら？ 意味，色，動き，音，匂い，様式，デザインなどを変えられないか？
4	**拡大したら （Magnify?）** より強く　より高く　より長く　より厚く　高級にしたら　高機能にしたら
5	**縮小したら （Minify?）** なにか減らせないか　より小さく　濃縮　ミニチュア化　より低く　より短く　より軽く　機能を絞ったら　分割できないか
6	**代用したら （Substitute?）** 他の素材　他の動力は　他の場所は
7	**再配列（アレンジ）しなおしたら （Rearrange?）** 要素を取り換えたら　他のパターンは　他のレイアウトは　他の順序は
8	**逆にしたら （Reverse?）** ポジとネガを取り換えたら　逆はどうか　失敗例を教訓にしたら　後ろ向きにしたらどうか　上下をひっくり返したら　逆の役割は
9	**結合させたら （Combine?）** ブレンド，合金，品揃え，アンサンブルはどうか　アイデアを組み合わせたら　キャラクターをプラスしたら

出典）　星野　匡：『発想法入門』日経文庫，1989，p.120，の内容を合わせ，かつ一部改変．

立つ．自社あるいは自分専用のものを開発するとベストである．

④　シーズ発想法（図表3.10）

社内で培った優れた技術，まだ応用のわからない特許，用途開発が不十分な素材などをさらに応用して商品を開発するための手法である．技術・特許・素材・部品・システム・しくみなど，応用を見つけたい「種」をここではまとめて「シーズ」と呼ぶ．

図表 3.10 シーズ発想法（音声認識技術の例）

シーズによる メリット	メリットの変換	問題点	キーワード	アナロジー	アイデア
声で入力 できる	〈逆にしたら〉 声で出力する	入力したら，そのまま出力するだけでは，面白みがない	対話をする	ペット	対話型電子ペット
だれの声か 認識できる	〈拡大したら〉 複数の人の声が同時に認識できる	声とノイズが認識できない	聞きたい声だけ選択する	マルチチャンネル型テレビ	マルチチャンネル型テレビ会議システム
認識スピードが速い	〈結合したら〉 ATMと結合する	セキュリティが大丈夫か	声を認識する	顔なじみの友達	音声認識装置つきATM

　シーズから応用がなかなか見つからない場合，シーズそのものの形が活用しにくい場合が多い．たとえば接着力の弱いのりを「これはのりだ」と固定観念で見ているとなにもでてこないが，メモ用紙と組み合わせると3M社のポスト・イットのような見事な応用がでる．形状記憶合金を板や塊のまま見ているとなかなか応用が浮かんでこない．これを細い線状（ワイヤ）と変形すると，形のくずれないブラジャーに結びつく．

　シーズの特長（メリット）を③のチェックリストで変換し，そこで発生する問題をアナロジー発想法でつぶすなかから新たな商品に結びつける．

（3）　入浴剤の事例

　ユニークなアイデア発想を集中的に行うために，企画メンバーは神田部長とともに新宿のKホテル30階の眺めのよい会議室を借りた．ここなら電話などの雑音もなく，環境・サービスともに申し分なく，適当に気分転換もできる．

　使用した手法は画期的アイデアのでることで有名なアナロジー発想法である（図表3.11）．

　現在の入浴剤では当たり前で，とくにグループインタビューやアンケート調

図表3.11 アナロジー発想（入浴剤）

常識	逆設定	問題点	キーワード	アナロジー	アイデア
ゴミがでる	ゴミがでない	捨てる場所がない	溶ける	オブラート	オブラートのように袋が溶ける
オリジナリティーがない	オリジナリティーがある	既存商品でない	自分で製作	自家製	材料が入っていて自分でつくる
混ぜる	混ぜない	溶けない	水に溶けない	スーパーボール	溶けずに形が残る
飽きる	飽きない		種類が豊富	キャラクターグッズ	いろいろなキャラクターの形をした入浴剤
		1回限り	1回で2度楽しめる	変わりだま	途中で色や効果の変わっていく入浴剤
香りがする	香りがしない	リラックスできない	安らぎ	睡眠	眠りを誘う入浴剤
リラックスできる	リラックスできない	眠れない	刺激	疲労	疲れさせる入浴剤
洗う	洗わない	汚い		掃除機	浴槽洗浄剤入入浴剤
お湯の色が変わる	無色透明	入浴剤を入れたかわからない	香り	香水	香りのみ入浴剤
1回分ずつ分かれている	何十回分かまとめて入っている	1回分がわかりづらい	1回に定量	柔軟剤	1回に定量以上でてこない
温まる	温まらない	風邪を引く	治療	薬	風邪を治す入浴剤

査などで不満として挙がった点を意識的に左端の「常識」の列にみんなで書き入れた．

やや難渋するのが解決方向を出すキーワードであるが，皆でやるとわいわいと議論の末に名案の数々がでてくる．この結果を図表3.11に示す．まとまったアイデアには「オブラートのように袋が溶ける入浴剤」「風邪を治す入浴剤」「キャラクターの形をした入浴剤」など，なるほどというものもあるが，「眠りを誘う入浴剤」「疲れさせる入浴剤」「浴槽洗浄剤入り入浴剤」など，珍案としか思えないものもあった．

3.6 アイデア選択法

（1） アイデア選択法とは

多数のアイデアから最良のものに絞ることが困難な場合は，この手法を用いるとよい（絶対使用しなければならないものではない）．

① 重み付け評価法

顧客に対し簡単なアンケート調査を行い，複数の評価項目に予め設定したウェイトをかけ，合計点の高いアイデアを採用する．アンケート票のリストには画期的アイデアが含まれ，その情報が流出する場合もあるので，不特定多数での評価は避け，信頼できる顧客（または社内の，顧客に近い人）に依頼すべきである．企画者自身が勝手に行うことはしない．やむをえない場合には企画者が評価するが，ウェイト配分であくまでも顧客の視点を貫いてほしい．

顧客に評価してもらう場合はユニークさ，面白さ，実用性，使いやすさ，デザインのよさなどで個別項目で評価して合成するか，あるいは要するに「買いたい」かどうかでズバリ判定する．ウェイトは，ポジショニング分析で得た理想ベクトルの因子のウェイトを重視する．それ以外の項目はアンケート調査などで得た購入基準を検討して決める．適当に企画者が「エイ」と決めるのはまずい．

顧客とは別に企画者自らが独自に評価を実施する場合は，市場の大きさ，開

発コスト，開発時間，製造コスト，流通可能性などで評価点をつけ，同様に合成得点で順位をつける．顧客評価と企画者評価が一致しないことは当然で，その場合は顧客評価を極力優先する．

② 一対比較評価法（AHP）

ウェイトの決定を2項目ずつの重要度比較の反復で行い，アイデアの評価も同様に2つずつの一対比較で行う．割合客観的にでき，使用事例も増加しており，今後期待される手法である．ただ，一対比較したマトリックスの「固有値，固有ベクトル」なる指標の計算が必要なためやや面倒で，PLANPARTNERなどのパソコンソフトが必要．また項目が多いと比較の組み合わせ数が著しく増加する問題があるので，主要な項目，アイデアに絞らなければならない．

評価項目がm項目，アイデアがn個ある場合，評価項目でm(m-1)/2回，アイデアでmn(n-1)/2回の一対比較が必要になる．たとえば評価項目5つ，アイデア5つとすると，10回+50回=60回の一対比較を要する．

これも顧客，企画者双方でできるが，評価回数が多い場合は顧客には負担が大きいので注意が必要である．

具体例で説明する．ただし，背景，理論を含めた詳細は第2巻6.4節を参照されたい．3つの評価項目，面白さ，実用性，経済性で4つのアイデアA～Dを評価したいとする．まず，評価項目のウェイトを決定するために項目間での一対比較を行う．次の行列がその結果をまとめたものである．

	面白さ	実用性	経済性
面白さ	1	$\frac{1}{2}$	3
実用性	2	1	4
経済性	$\frac{1}{3}$	$\frac{1}{4}$	1

この点数の意味は，左端の列の項目を，上端の行の項目に比べて，
 1= 等しい 3= やや重い 5= 重い 7= かなり重い 9= 絶対重い
 1/3= やや軽い 1/5= 軽い 1/7= かなり軽い 1/9= 絶対軽い

のようにつけている（これらの中間は2，4，6，8を用いる）．

たとえば，「面白さ」は「経済性」よりも「やや重要」と見る．この行列の「固有ベクトル」を求めて，

$$（面白さ，実用性，経済性）=（0.3196, 0.5584, 0.1220）$$

がウェイトとなる．次に，面白さ，実用性，経済性の各項目ごとに，4つの案A～Dの一対比較を同様に行う．たとえば面白さについての4案の比較値が次のようになったとする．

	A	B	C	D
A	1	$\frac{1}{4}$	4	$\frac{1}{6}$
B	4	1	4	$\frac{1}{4}$
C	$\frac{1}{4}$	$\frac{1}{4}$	1	$\frac{1}{5}$
D	6	4	5	1

相対評価の点数は，左端の列の案を，上端の行の案に比べて，

　1＝等しい　3＝やや良い　5＝良い　7＝かなり良い　9＝絶対良い

　1/3＝やや悪い　1/5＝悪い　1/7＝かなり悪い　1/9＝絶対悪い

のようにつける．この固有ベクトルは

$$（A, B, C, D）=（0.1160, 0.2470, 0.0600, 0.5770）$$

これが面白さの評価値となり，D案が抜群によい（表を見ても明らかではある）．同様に実用性，経済性で4案をそれぞれ評価する．

次に各評価値に先に求めたウェイトをかけて案ごとに合計する．

これにより各アイデアの総合評価点を得られる．

　Aの場合の計算

$$（0.1160 \times 0.3196）+（0.3790 \times 0.5584）+（0.3010 \times 0.1220）=0.2854$$

$$
\begin{array}{c}
\begin{array}{ccc}\text{面白さ} & \text{実用性} & \text{経済性}\end{array} \\
\begin{array}{c}A\\B\\C\\D\end{array}\begin{bmatrix}0.1160 & 0.3790 & 0.3010\\0.2470 & 0.2900 & 0.2390\\0.0600 & 0.0740 & 0.2120\\0.5770 & 0.2570 & 0.2480\end{bmatrix}
\end{array}
\times
\begin{bmatrix}0.3196\\0.5584\\0.1220\end{bmatrix}\begin{array}{l}\text{面白さ}\\\text{実用性}\\\text{経済性}\end{array}
$$

$$
=\begin{array}{c}A\\B\\C\\D\end{array}\begin{bmatrix}0.2854\\0.2700\\0.0864\\0.3582\end{bmatrix}
$$

結果はD案が最有力候補となり，2番目がA案，3番目B案，4番目がC案となった．ただし上位3案には大差はない．

（2） 入浴剤の事例

企画メンバーは，アイデア選択法の2手法をうまく活用して，次の方針で絞り込むこととした．

① 重み付け評価法を顧客に依頼して11案を5～6案に絞る．今回はユニークなアイデアを大切にしたいので，一気にごく少数に絞ることはしない．
② 絞った案に対して一対比較評価法を用いて，次の2つの側面から社内評価を行い，さらに2～3案に絞り込む．
  a．開発・製造側からの評価……一定のコスト，期間の範囲内で作れるかどうかを検討する．
  b．マーケティング側からの評価……流通，PRなどの面で有利かどうか検討する．

①の顧客評価は，以前の成城リサーチでのアンケート調査回答者から100名をランダムに選択して郵送調査で依頼した．

評価項目はポジショニング分析の結果からでてきた3つの因子，「気持ちよ

さそうか」「美容や健康に効果がありそうか」「使いやすそうか」ををを使い，そのウェイトはポジショニング分析での理想ベクトルのウェイトに合わせ，0.42：0.41：0.68とした．さらに，これに加えて，今回の企画では市場へのインパクトを与えるためにユニークさを重視する方針から，「面白そう」を評価に入れ，このウェイトを1.0と重くした．なお，図表3.12の評点は100名の平均点である．

以上からアイデア評価の総合点9.0以上を基準に，6つ（◎，○）を選択し

図表3.12 重み付け評価法（顧客によるアイデア評価）

	気持ちよさそう	美容・健康効果ありそう	使いやすそう	面白そう	総合	評価
ウェイト	0.37	0.45	0.72	1	—	—
① オブラートのように袋が溶ける入浴剤	3.6	2.6	4.8	4.1	10.06	◎
② 自動的にでて溶ける入浴剤	3.4	3.0	4.6	4.5	10.42	◎
③ 自分で作るオリジナル入浴剤	3.7	4.1	3.2	3.7	9.22	○
④ 途中で色や効果が変わる入浴剤	4.1	4.0	3.5	4.4	10.24	◎
⑤ 浴槽洗浄効果がでる入浴剤	2.2	3.0	4.2	3.2	8.39	△
⑥ 香りだけの透明入浴剤	3.6	3.3	3.2	3.2	8.32	△
⑦ キャラクターがでてくる入浴剤	3.6	2.8	3.2	4.7	9.60	○
⑧ 音のでる入浴剤	3.8	3.5	3.0	4.4	9.54	○
⑨ 眠りを誘う入浴剤	3.9	3.3	3.1	2.8	7.96	×
⑩ 定量以上でない計量入浴剤	2.8	3.1	4.2	2.7	8.16	△
⑪ 風邪を治す効果のある入浴剤	2.6	4.5	3.0	3.1	8.25	△

た．さすがにユニークなアイデアが揃っている．

次に，一対比較評価法を用いて社内評価でさらなる絞り込みを行った．重要な評価なので，幅広い知識・経験をもつ，技術系の大藤研究開発部長，今野製造部長，事務系の岡本マーケティング部長，長沢営業部長の4名が，残った6案を評価した．ここでは技術系の2部長には評価項目として

　　実現可能性（が高いか），コスト（が低いか），開発期間（が短いか）

を，事務系の2部長には，

　　需要（が大きそうか），プロモーション（しやすいか），話題性（インパクトがあるか）

を評価してもらった．その結果が図表3.13である．

図表3.13 一対比較評価法（アイデアの社内評価）

	ウエイト/得点	
実現可能性	0.585	
コスト	0.353	
開発期間	0.062	
袋が溶ける	0.057	
自動的にでてくる	0.310	◎
自作オリジナル	0.029	
色や効果が変わる	0.266	○
キャラクターがでる	0.299	○
音がでる	0.040	

大藤研究開発部長
今野製造部長
の2人の回答

	ウエイト/得点	
需要	0.373	
プロモーション	0.448	
話題性	0.179	
袋が溶ける	0.035	
自動的にでてくる	0.313	◎
自作オリジナル	0.040	
色や効果が変わる	0.284	○
キャラクターがでる	0.288	○
音がでる	0.040	

岡本マーケティング部長
長沢営業部長
の2人の回答

幸い，顧客評価の高かった6つのアイデアのうち，
- 自動的にでて溶ける
- 途中で効果が変わる
- キャラクターがでてくる

の3案は社内評価でも高得点をマークし，技術的な問題をクリアできそうで，インパクトもある．しかもこれらは同時に組み合わせることも可能である．そこで，この3ポイントを最終的にコンジョイント分析に持ち込み，細部を詰めて最適コンセプトを求めることにする．

3.7 コンジョイント分析

(1) コンジョイント分析とは

コンセプトの周辺には無数のサブコンセプトがあり，その組み合わせ方で商品力は大いに変化する．たとえば「小型，おしゃれで音質抜群の熟年向き携帯ラジオ」は市場にはないから一応新商品のコンセプトである．しかしどのように小型で，どのようにおしゃれなのか，音質はどのくらいこだわるのか，機能はどこまで入っていて価格はいくらくらいをめざすのかなど，スペックの手前くらいの「コンセプトの落としどころ」を決定しないと設計はできない．これがコンセプトの最適化の問題である．多くの企業が失敗に陥るのもこの最適化を軽く考え，企画担当者の判断で決定して製造に踏み切ることがあげられる．

コンジョイント分析は，計画的にコンセプトの要素を動かして種々の組み合わせをつくり，顧客に提示してその評価をしてもらう手法である．企画担当者でなく顧客が決定することが重要なポイントである．また，単にトータルでよい悪いでなく，どの要素がどのくらいの寄与率か，さらには最適なコンセプトはなにかまで自動的に算出されるため大変便利で説得力があり，有形無形を問わず広く活用されている．

＜属性と水準，直交表＞

動かすコンセプトの要素を属性，そのなかで変化するレベルを水準という．アナロジー発想法で例示したゼリー式の栄養剤の場合，「ゼリー」という基本コンセプトはよいのだが，主たる（訴えたい）成分，味，形などで迷いがある．これらを顧客の意見で最適化するには，

① 動かしたい属性と水準を決める．属性が5～6以内程度，すべて2水準とすると最もやりやすい．

② 直交配列表（直交表）の縦の列に属性を順次わりつける．横の行の1, 2の数字が水準の組み合わせを表現している．直交表は1と2が極めてバランスよく配置されている特殊な表である．基本の8行（＝カード8枚用）タイプ以外にも9, 16, 18, 27行などのタイプがある．

　3水準のみや2, 3水準の混合も可能であるが，余りに属性や水準が多いと回答が困難になる．

③ 8通りの組み合わせをカードなどに表す．なるべく具体的に，視覚的にわかりやすく．

④ カードを10名以上の顧客に提示し，購入したい順に並べてもらう．この順位の数値をデータとする．

　アンケート調査と同様，層別して解析するならそれなりのサンプル数が必要．ただ，この段階で不特定多数に依頼するのは危険である（コンセプトが競合他社に漏れる可能性）．量より質を追求したい．

⑤ 商品企画七つ道具の専用ソフトPLANPARTNERにデータを入れるのが最も簡単である．結果のグラフまで直ちに得られる．一般的な多変量解析のソフトがあれば，「数量化Ⅰ類」を用い，目的変数を逆順位（順位の高い方から8, 7, ……1と点数化したもの）とすればよい．

解釈のポイントは次のとおり．

① 各属性の寄与率はデータ（順位）のばらつきにその属性がどの程度寄与しているかを示す．大きいほうがもちろん重要．

② 各水準の「効用値」はその水準を採用すると，平均的に中心位置からど

れだけ順位が上がるか(マイナスなら,下がるか)を示す.当然プラスで値の大きなものが重要.効用値は加法性があるので,属性と水準を組み合わせるとどうなるかは自分で効用値を加算すれば予測できる.

③ 「最適コンセプト」は,プラスの効用値をもつ水準のみを選択すればよい.効用値のグラフを見れば一目瞭然である.ただし,ほとんど0の効用値の属性は無視しても構わない(影響がない).無視する代わりに,自社に都合のよい条件(低コスト,作りやすいなど)で決めてよい.

ターゲット層に近い顧客でもかなり意見が分かれることがあるので,いくつか層別して分析するとよい.

(2) 入浴剤の事例

コンジョイント分析までくると,かなりコンセプトの姿形が見えてくる.山登りなら7合目まできた,というイメージであるが,ここで間違えると,頂上に行くはずが出口のない迷い道に入りかねない.

メンバーは慎重な議論の末に,図表3.14に示すような属性と水準を決定した.顧客に負担をかけない8枚のカードで調査するには5〜6属性程度,各2水準が最適である.

これらを直交表にわりつけて,8枚のカードを作成した(図表3.15).

図表3.14 属性と水準

属性	第1水準	第2水準
パッケージ	中からでてきて溶ける	通常の小袋入り
色と効果	一定	途中で変わる
音	泡のような音がでる	音はでない
形	キャラクターがでてくる	図形がでてくる
価格	10個入り400円	5個入り400円

3.7 コンジョイント分析

図表 3.15 入浴剤のコンジョイントカード

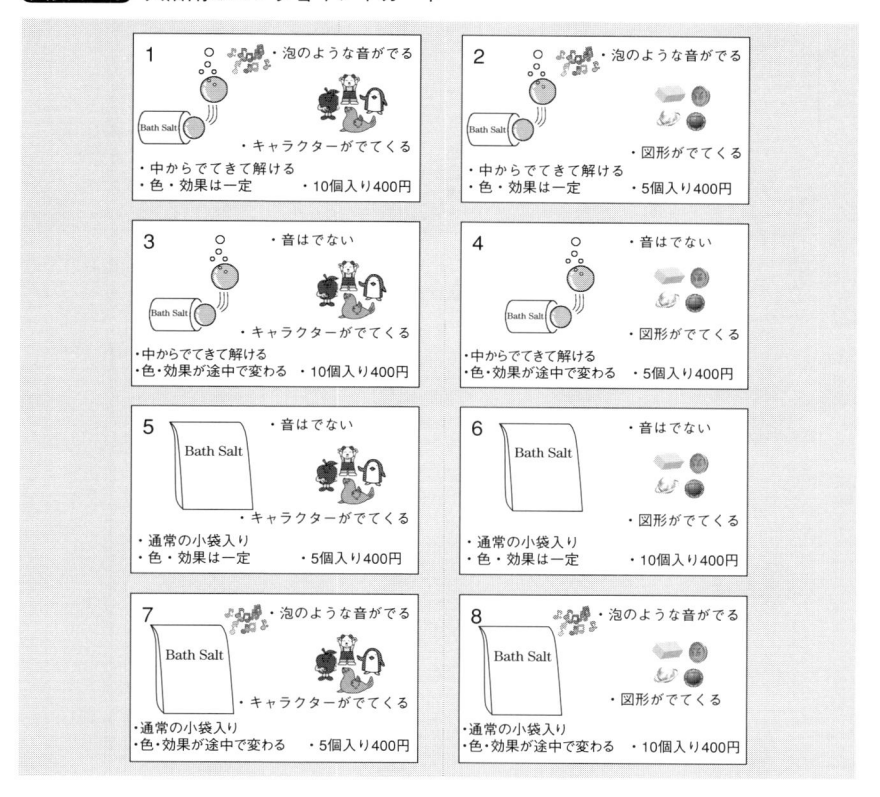

| 1 | ・泡のような音がでる
・キャラクターがでてくる
・中からでてきて解ける ・色・効果は一定 ・10個入り400円 |
| 2 | ・泡のような音がでる
・図形がでてくる
・中からでてきて解ける ・色・効果は一定 ・5個入り400円 |

| 3 | ・音はでない
・キャラクターがでてくる
・中からでてきて解ける ・色・効果が途中で変わる ・10個入り400円 |
| 4 | ・音はでない
・図形がでてくる
・中からでてきて解ける ・色・効果が途中で変わる ・5個入り400円 |

| 5 | ・音はでない
・キャラクターがでてくる
・通常の小袋入り ・色・効果は一定 ・5個入り400円 |
| 6 | ・音はでない
・図形がでてくる
・通常の小袋入り ・色・効果は一定 ・10個入り400円 |

| 7 | ・泡のような音がでる
・キャラクターがでてくる
・通常の小袋入り ・色・効果が途中で変わる ・5個入り400円 |
| 8 | ・泡のような音がでる
・図形がでてくる
・通常の小袋入り ・色・効果が途中で変わる ・10個入り400円 |

　成城リサーチで以前アンケート調査のおりに協力していただいた方の中で熱心に回答された方を厳選し，発送してもらった．回収したのは71人である．今回はアンケート方式だが内容は簡単なので1週間ぐらいでほとんど返送されてきた．

　分析結果（効用値）は図3.16のようになる．

　圧倒的にパッケージの影響度が高い．寄与率で80%程度がパッケージである．いかに「中からでてくる」という新しい発想が強烈に影響したか，よくわかる．キャラクターは意外なほど影響しなかったが，「図形がでる」が第2水

図表 3.16 効用値グラフ

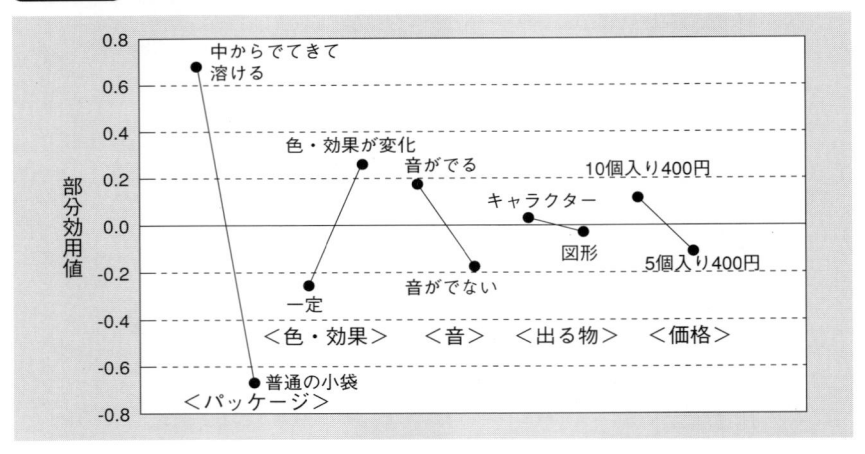

```
部分効用値
0.8 ●中からでてきて溶ける
0.6
0.4
0.2        ●色・効果が変化  ●音がでる    ●10個入り400円
                                    ●キャラクター
0.0
                                      ●図形  ●5個入り400円
-0.2   ●一定        ●音がでない
-0.4
       <色・効果>  <音>  <出る物>  <価格>
-0.6
    ●普通の小袋
-0.8 <パッケージ>
```

準にあるので，2つの水準の間にさほど差を感じなかったようである．「キャラクターがでる，でない」とすべきであった．

最適水準は

① パッケージから自然にでてきて溶ける．
② 色や効果が途中で変わる．音もでる．
③ （可愛い）キャラクターがでてくる．
④ 10個入り400円

となる．これらの機能をまとめて1個の入浴剤にするのは困難だが，別個の入浴剤を使えばできないことではない．つまり，

「パッケージごと浴槽に入れると，中から時間差をおいていくつかの色や効果の異なる入浴剤がでてくる．その1つは音をだす．1つはキャラクターをだす．最後には容器も溶けてなくなる」

という大変にユニークで楽しいコンセプトになる．具体的には，4個入りで1回分となろう．メンバーはさらに

「キャラクターは何がでてくるかわからない．入れるごとに違うキャラクターがでてくるので，ワクワクして入浴が待ち遠しくなる」

図表 3.17 入浴剤の最終コンセプト

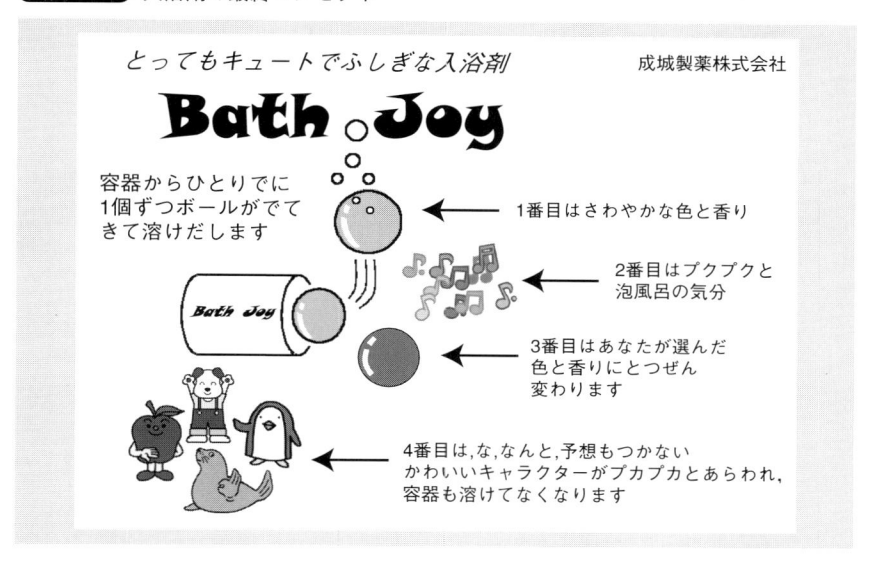

```
とってもキュートでふしぎな入浴剤!          成城製薬株式会社

              Bath ○ Joy

容器からひとりでに                  ← 1番目はさわやかな色と香り
1個ずつボールがでて
きて溶けだします
                                    ← 2番目はブクブクと
                                       泡風呂の気分

                                    ← 3番目はあなたが選んだ
                                       色と香りにとつぜん
                                       変わります

                                    ← 4番目は,な,なんと,予想もつかない
                                       かわいいキャラクターがプカプカとあらわれ,
                                       容器も溶けてなくなります
```

を追加してコンセプトを強化した．ただし，何個かをまとめて1回で使うとすると，10個入り400円という価格は不可能となる．高くともそのおもしろさ，楽しさにひかれて買ってもらえるという自信はあったが，このへんは再度成城リサーチのモニターや学生を緊急に集め，グループインタビューで確認をとった．上記コンセプトをイラスト化して説明を加えたところ，特に若い層からは，この3～4倍程度でも買いたいという意向がはっきりとでてほっとした．ついでに「どんな色・香りがいいか」「どんなキャラクターがでれば楽しいか」も，しっかり調査した．

3.8 品質表

（1） 品質表とは

いかに強力な感動商品のコンセプトが見つかっても，現実のモノにならなければ無意味である．商品力の高い商品をつくるには，コンセプト自体の完成

度，魅力度もさることながら，品質レベルや環境対応などで遺漏があってはならない．品質表はこのために，要求される品質項目を整理し，技術特性に変換する役割を負っている．

＜品質表の作成手順＞
① コンジョイント分析で得た最適な要素に
  ● 調査，発想などのステップで得た固定的な要素（絶対に実現すべき性能，機能，耐久性，価格など）
  ● 社会的要請（環境への配慮，安全性など，顧客の側からは要求がなくとも実現しなければいけない事項）
  を総合化して「商品コンセプト」とする．できればイラスト（写真，コンピュータグラフィックスでもよい）と文章で企画書的にこれをまとめておく．
② ①の商品コンセプトを系統図的に整理した「期待項目展開表」をつくる．
③ それらを技術的に実現するための特性，設計時において明確にすべき特性を集め，系統的に整理した「技術特性展開表」をつくる．
④ ②，③をマトリックス化する．
⑤ クロスした部分にその対応関係の強弱を◎（強い対応），○（対応あり），△（対応が予想される）で記入する．

＜品質表の活用＞
① **要求が実現されるか**
顧客の期待項目のなかで，まったくマークのついていないものは「技術的に実現されない」か「既存の技術では評価できない」ことになる．これは至急検討を要する．
② **重要品質特性**はなにか
多くのマークがついた技術特性は顧客の視点から重要な特性である．これが

簡単に見出せる．

③　比較したら

他社製品，従来品などの品質特性と比較して，期待を実現するとしたら，なにをどうすべきかの指針が容易に得られる．

(2)　**入浴剤の事例**

さて，メンバーはいよいよ最終段階に突入した．劇的にユニークなコンセプトではあるが，何とかこれを技術的にも実現すべく，まず，期待項目展開表を作成した．コンジョイント分析での最適水準はもちろんのこと，他の項目として肌への影響，万が一飲み込んだときの体への影響なども考慮しなければならない．これが意外に大変なことである．インパクトは十分あるが，アピールするには，時間的な持続性もほしい（1〜2分でアッという間に終わっては困る）．

文理混成部隊の強みを十分発揮して，全員で期待項目を整理し，研究開発出身の鮎沢が中心となって対応する技術特性項目を列挙した．まだ技術的にわからないところもある（たとえば一定の時差をおいて順々にボールが溶けたりする）が，鮎沢の経験から，研究開発部の能力とがんばり度なら必ずできる，と確信している．最後に対応関係をつけ，図表3.18の品質表を完成した．

3.9　エ ピ ロ ー グ

技術開発は企画チームによる説明を受け，品質表をベースに進行した．何をどんな指標で実現するか明確にするので，目標がはっきりしている．

結局，企画チームが始動してから半年でコンセプトを決定．研究開発にはさらに半年をかけ，1年後にやっと満足すべき試作品を得られた．やはり時間差で溶けるパッケージ，混合してもおかしくない色・香り，お湯や添加物に強いキャラクターづくりなど，難問がいくつもあったが，数名が分担し，協力会社とも共同研究して集中的に解決していった．ただ，予想どおり，価格はそう安くはならなかった．結局，標準小売価格で5個入り600円と，他社の発泡入浴

図表 3.18 品質表

期待項目展開表 1次	期待項目展開表 2次	取扱性				配合成分				外装形状				購入性			話題性			
		溶解時間	溶解温度	配合容易性	包装材質	有効成分量	色素配合比	芳香剤配合量	添加剤配合量	パック形状	パック重量	外装形状	外装寸法	保存期間	販売価格	流通充実度	ルック度	安全度	注目度	健康関心度
心が落ちつく	よく眠れる																○			
	湯の色がよい						◎													
面白い	異なる入浴剤が時間をおいてでる	◎			◎															
	泡の音がする								◎											
	キャラクターがでる				◎														○	
疲れがとれる	身体が暖まる		○																	
	長く入れる					○													○	
	汗がよくでる					◎											○		○	
使いたくなる	途中で色・効果が変わる	◎		○					○								○			
	お肌がツルツルになる		◎			◎		○												
使いやすい	入れ物ごと溶ける				◎				○	○		○								
	勝手にかき混ざる								○											
	パッケージがよい									○	○	○	○						○	
安心して使える	飲んでも安全である					◎	○	◎						○				○		○
	ゴミがでない(カスが残らない)				◎				◎											
経済的である	長期間保存できる													◎	○			○		
	気軽に購入できる													◎	◎	◎				
	どこでも入手可能である														○	◎				

剤の倍くらいになってしまったが，その価値は何倍もあり，必ず売れると確信していた．

　今回の商品は頭をひねったすえ「バスジョイ（Bath Joy）」というネーミングで冬に入る直前に発売となった．秋の初めから，試作品を100人のモニターに10個ずつ配布し，自宅で入浴してもらい，大きさ，色，香り，入浴効果，特に飛びだすキャラクターの種類，質，さらにはパッケージ・デザイン，価格，ネーミングに至るまで徹底的に評価してもらった．要望点がいくつか散見されたが，全体的には購入意向が非常に高かったため，生産数量を大幅に上方修正して，発売に備えた．前評判をあおるため，新聞・雑誌などで成城製薬始まって以来の，内容を明確に伝えないミステリアスな広告を打った．

　予想どおり，10代から20代，それに小さな子どもをもつ30代前半のママに大変な評判となり，「お風呂も遊びの時代？」「バス・エンターテイメント始まる」といったテーマでいくつもの雑誌の取材を受け，してやったりであった．これらの効果は抜群で，ドラッグストア「ウメモトツヨシ」で女子中高生たちがキャーキャー品定めして入浴剤を買っていくという光景を生みだした．いったい誰がこんなシーンを過去に想像しただろうか．月当たり従来品の15倍（当社比）もの猛烈な売り上げとなり，製造部門がさすがに音を上げるほどであった．成城製薬のイメージは，1990年代初めまでの「石橋をたたいても渡らない」から，今や「夜中に突然どこを渡るかわからない」とまで，脅威の存在として語られるようになった．

　キララに続いて社長表彰を受けた神田部長はまたまた振り返る．

　「ヒット商品をつくるのはウチにとってはもう簡単なことなんだ．しっかりしたステップで，お客様の意識の底にあるニーズをいただいて，みんなのアイデアを付け加える．そうだ，いい料理づくりに似てるな．ニーズという材料を市場で探して，ポジショニングでみんなが喜びそうな料理の方向を決める．アイデアという調理法でぐんと味を高めて，最後はコンジョイント分析という調味料の組み合わせで最高の味付けを決める．品質表はきっと全体メニューの仕上げだ．メインディッシュに付ける野菜やスープで全体の味や

栄養のバランスをはかれば，メニュー，つまり期待項目展開表は完璧だ．これを技術的に実現するのが料理人，いや技術特性展開表だ．そうだ，この比喩はうまいな．部の祝賀会のスピーチに使おう……」

担当した橋本グループの4人はというと，ぶつぶつとわけのわからない独りごとを言う神田部長を無視して，大祝賀会の場所選びに電話をかけまくって大忙しであった．

リサーチせずに企画はできるか

あるとき，有名な某ゲーム機メーカーの担当者から電子メールがきて，学生と企画プロジェクトができないか，というのです．私の研究室に来ていただいて商品企画七つ道具の考え方や方法論をじっくり説明しました．結局この会社とはプロジェクトは成立しませんでした．理由は「皆に意見を聞いていては独創的なモノはつくれない．ウチはリサーチでは企画をしない」というものでした．どうも自分たちはクリエイターであり，リサーチする企画は二流，お客には自分達の感性を押しつければいいという意識が強いらしいのです．リサーチをしたら独創性が活かせないというのもまったくの誤解です．

一方，アイシン精機は自動車部品メーカーですが，ミシンやベッドなどの家庭用品もつくっています．ベッドで若者向きの新商品を企画するに当たり，300名以上の若者に18台のベッドをデザイン評価してもらい，精緻な統計解析の結果，デザイン要素の組み合わせのなかから実に「かっこいい」ベッドのパターンを発見しました．売上げは従来品の2倍となるヒットを飛ばし，デザイナーは今や解析びいきです．まずは調査を行い，解析から方向性を冷徹に見出し，次の段階でシャープでおしゃれなデザインにもち込みます．勝手な方向ではないから外れないし，デザイナーも本領を発揮できます．これは商品企画七つ道具の流れと同じ思想です．同社の企画プロセスには頼もしい信頼感があり，一目置かれています．さて皆さんはどう考えますか？

（神田）

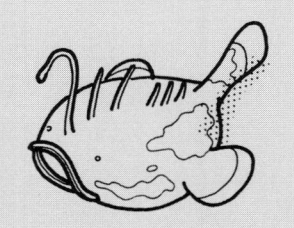

④ 商品企画七つ道具の活用

企画システムの確立と応用

あなたの宝物はみつかりましたか？

前章までに商品企画七つ道具のあらましを事例とともに解説した．商品企画七つ道具は一見すると消費財の商品企画のためにつくられたように感じられるかもしれないが，現実にはさまざまな業種・商品・業務に対して応用可能である．4章では，商品企画七つ道具活用が広く深いことをいろいろな角度から説明する．

4.1　商品企画システムの確立

4.1.1　商品企画システム

　商品企画は従来のイメージからいうと「経験と勘の世界」「一種のギャンブル」「フィーリング」ということになり，この標題のシステムという概念にはかなり遠かった．すでに何度も述べたのでおわかりのとおり，本シリーズはこれに真っ向から異議を唱える．商品企画は立派にシステマティックにできるものであり，また，できなければいけないものである．システマティックでないからこそ，無駄な時間と金をむさぼり続けてきた．

　さて，「システム」を指向するのであるなら，そこには

　　　　インプット（input 入力，なにか情報を入れる）
　　　　　⇒プロセス（processor 処理機構，情報を処理する）
　　　　　　⇒アウトプット（output 出力，結果をだして次に渡す）

という流れが要素ごとにあってしかるべきである．本来，システムとはそのような明確な目的で役割を受けもつような要素の集合体である．

　商品企画システムはさほど厳密なシステムにあてはめる必要はないが，次の図表4.1は第2章でも述べた商品企画の流れをシステムという見地から書き直したものである．

　この詳細は本シリーズ第2巻第1章で述べる．

図表 4.1 P7 システム体系図

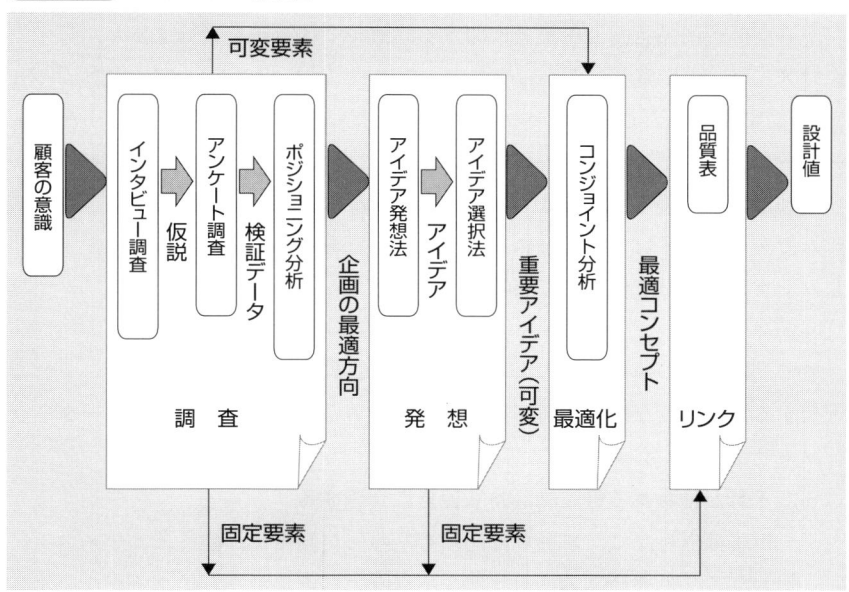

```
顧客の意識 → [調査: インタビュー調査(仮説) → アンケート調査(検証データ) → ポジショニング分析] → 企画の最適方向 → [発想: アイデア発想法 → アイデア選択法(アイデア)] → 重要アイデア(可変) → [最適化: コンジョイント分析] → 最適コンセプト → [リンク: 品質表] → 設計値

可変要素 / 固定要素
```

4.1.2 生産財メーカーのための企画システム

(1) 生産財メーカーでの考え方

生産財（原材料，部品，機械設備等）メーカーの場合，消費財メーカーと異なり次の特色がある．

① 商品を直接利用するのが一般消費者ではなく，企業である．
② 最終商品の形が直ちには見えないか，見えにくい．
③ 市場調査，営業，開発も納入企業をターゲットに行われる．そのため対象範囲が狭くパワーも不足気味である．
④ 一般に企画力には自信がなく，必然性もわからない．
⑤ 技術力は高いが，それを活かす応用力が今ひとつ．発想が固定的で幅が狭い．

要するに，商品企画という企業文化が育っていない．なにをしたらいいのかわからない．商品企画七つ道具に関する講演やセミナーを実施すると，必ず生産財メーカーの出席者の人から次のような質問（またはクレーム）がでてくる．
「ここで語られたことはすべて消費財メーカーを対象にしている．生産財メーカーにはピンとこないし，活用しにくい．」
　これは筆者らの本意ではない．第1，あらゆる商品を対象に考えてきたシステムであり，生産財もサービスもすべて商品である．第2に，わかりやすく親しみやすい消費財を例にしているだけである．

　さて，生産財の商品企画の場合，次の3通りの方向があろう．そのいずれを選択するかは高度な経営判断と思われる．マネジメント層の強力なリーダーシップやサポートが必要である．

a．それが使われる最終商品から独自に企画する

　繊維は衣料品に，自動車部品はもちろん自動車に，磁性体はディスクに使われる．最終商品の使用状況や不満などは直接調査したことがない場合が多いであろうが，旧来の殻を破って商品企画七つ道具を試みてほしい．必ず新しい知見が得られ，新商品のヒントが生まれるはずである．それをいち早くキャッチして，納入先に提案するとよい．あるいはヒントのみをつかんで，納入先と共同で調査を推進するのも得策である．いずれにしても，自分たちはエンドユーザーは関係ない，その調査や企画は納入先の仕事，と固定観念で考えないでほしい．その姿勢ではいつまでたっても受身体質は払拭できず，技術力は育っても，革新的な企画力は，まず育たない．

b．技術から応用商品を開発して新規事業を展開する

　従来とは異なる独自の商品を新たに創造し，販売する方法である．苦しいが最もやりがいがある．最近は新規事業として従来とまったく異なる商品を開発し，事業を多角化し，経営の安定をはかり，社員の士気を高める企業がいくつもある．ただし，最初はうまくいかず，軌道に乗るまでに何

年かかるケースがあり,スリム化をめざすような不調な企業ではどうしても新規事業は立ち上げにくい.

　ただ,失敗するのは,経験がない点や流通チャンネルを確保していない点もさることながら,やり方(商品企画)が下手なことも大いに影響する.しゃにむにつくって在庫の山を築くようなことは商品企画七つ道具の活用でかなり防止できる.失敗なく商品企画ができる方策が見つかれば新規事業のリスクは大幅に減少する.事業の成否の過半は企画する商品の良否で決まる.

c．納入先のニーズに合わせた企画を行う

　納入先を直接訪問し,観察とインタビュー調査を行う.グループインタビューや評価グリッド法はやりにくいので,個別に尋ねればよい.自社の納入した原材料,部品,機械,設備,工具等がどのような環境でどのように使われ,どのような問題点があるのか,どのような希望があるのか,直接尋ねる.購買担当者に偏ってはいけない.意外と製造現場の作業者が細部にわたって鋭い意見をいってくれたりするものである.営業が行って聞くこともあろうが,営業と企画担当者とは視点が異なるため,任せきりは絶対にいけない.極端な人は「営業が売れるといってきた商品はまず,売れない」といいきる.

(2) **生産財メーカーでの商品企画システム**

基本的な思想は不変であるが,上記a, b, cに応じて細部は異なる.

aの場合……標準の流れと同一でよい.ただ,経験不足な点は否めないから,いきなり巨大なアンケート調査などしないで,観察やインタビュー調査などで十分足ならしをして,アイデア発想,コンジョイント分析と進む簡略型でよい.なるほどいけそうだとわかってから,次からフルセットで実施すればよい.

bの場合……シーズ発想法その他の活用法を応用して,まずアイデアを豊富に用意する.活用の道が開けることが優先されるからで,ニーズが発見されても技術が応用できないものばかりであれば無意味になる.次の4.1.3

項に示す技術からの企画システムを活用するとよい．また，4.1.4項の中小企業の企画システムも似た点があるので参考にされたい．

cの場合……これは生産財ならではの企画スタイルである．ポイントは次の点である．

① 顧客は納入先企業になるが，購買担当者と使用者とはまったく異なることが多い．生々しい意見は設計者や製造担当者から聴取した方がよい．ラインの作業者もよい意見をいってくれることが多い．

② インタビュー調査はグループインタビューは困難ゆえ，顧客ごとの観察＋聞き取り調査（個別インタビュー）を主体とする．個別インタビューのなかで評価グリッド法を用いるとさらに系統的な顧客の評価構造がわかるのでなおよい．サンプルを提示できなければカタログで評価してもらう．

③ アンケート調査，それにともなうポジショニング分析は一般的に困難なことが多い．とくに納入先が数社しかない場合は数を頼りにはできないので，インタビュー調査を深く行うほうが得策である．

④アイデア発想法，選択法，コンジョイント分析，品質表はいずれも標準どおり使うことを推奨する．とくにコンジョイント分析は顧客の意見を客観的に集約する強力な手段となる．

4.1.3 技術シーズからの企画システム

埋もれた技術，まだ使われていない技術，さらには，現在使われているが，もっと大幅に活用を推進したい「強み技術」が各社とも（捜せば）必ずある．もったいないかぎりである．特許庁の調査では，特許の4～5割は商品に活用されずにお蔵入りしているという．企業によってはさらに8割以上も眠っている．日本列島には膨大な埋蔵金が各企業ごとに埋まっている見当になる．有能な経営者なら，余計なリストラに精をだす前に，このような埋蔵金を掘りだすのに専門の担当者をつけるくらいの見識があってよい．

さて，企画システムは次のように考える．

① まず，使える技術，強みの技術にどんなものがあるかの現状認識が先である．1つのみなら話は単純である．多数ありそうなら社内から情報収集してリストアップする．

② 使えそうな方向やアイデアを考える．発想法では，シーズ発想法と焦点発想法はとくに役に立つ．

③ 技術と用途とのクロスポイントが少し見えてきたら，それを仮説として商品企画七つ道具の標準の流れに入れる．誤解をしてはいけないが，用途＝商品ではない．短絡的にすぐ試作をしたりすると，すわ商品化などと（担当者だけが）浮かれてしまうが，商品は文字どおり「商い」で売れなければ無意味である．売れるかどうか，着実に検証し，商品コンセプトを十分高めてから商品化してほしい．

④ アイデアとしてかなり煮詰まったものがでているのであれば，インタビュー調査，アンケート調査，ポジショニング分析，コンジョイント分析を通じて検証や絞り込み，最適化を中心に実施すればよい．

これらの考え方を図表4.2に示す．なお，図表4.2で「意察」とあるのは顧客の意識，意図を探る（なぜそんなことをしているのか，なにがあればいいのかなど）という意味で，「心察」とあるのは，顧客の心の奥底を知る，という意味の造語である．表面だけを見ていてもよいヒントは得られない．

4.1.4 中小企業のための企画システム
（1） 中小企業での考え方

最近，中小企業の人々も商品企画七つ道具の学習を始めている．筆者も中小企業総合事業団の中小企業大学校で指導する一方，いくつかの県でセミナーを開講し，中小企業の企画開発担当者や，各県の産業振興担当者に商品企画七つ道具を指導している．中小企業での実態をたずねて共通に感じるのは，

① 企画という概念が希薄である．生産財メーカーの場合と重なるが，長い間受注品を注文どおりにつくればよかったために，自力で企画しようとい

118 第4章 商品企画七つ道具の活用

図表 4.2 技術からの企画システムの考え方

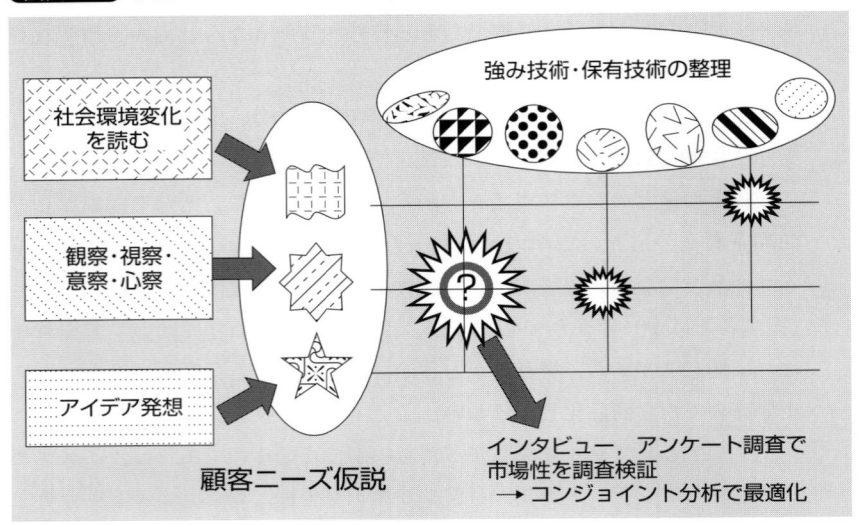

う風土がなく，担当者もいないという企業が多い．
② 独自商品をつくっていても，まず，システマティックでない．多いのはアイデア→試作→即販売→失敗の繰り返しである．検証や深堀りなしにすぐ作ってしまうから，狭いニーズしかない，あるいはセンスのない商品（＝感動商品にはならないモノ）を見込みで売ろうとしてしまう．
③ 経営者の意識や見識によって会社全体が大きく左右される．マーケティングセンスをもった顧客志向の経営者と，発明家肌でひらめきでモノづくりをしてきた経営者とではまったく異なる．後者はおおむね成功率が低い．
④ 解析力が乏しい．もともと市場調査という発想がないためデータ解析の習慣も必要性もなかった．
⑤ 大手企業と違って巨大な流通チャンネルを有しないため，販売面でも苦戦を強いられる．せっかくの感動商品も知られずにあちこちで埋もれている．
⑥ しかし，強み技術をもち，機動的で，柔軟に変化できる．意欲のある

人々がベンチャー的に興した企業も急速に増加している．

中小企業の方は，企画力を大幅に強化し，大企業では考えにくいニッチでかつ需要の大きなモノを狙うべきである．アイデア発想は得意な方が多いので，問題は市場調査と解析であろう．また，流通販売に関しては，
① 真に画期的な感動商品はやがて必ず認められる．あきらめずに売り込みをかけるべきである．営業努力も不足している．
② 大手並の物量作戦ではなく，インターネットを介した販売方式や直販方式での成功例が多数でている．これらをじっくり研究して導入することが，大手の壁を破り，大手と対等にビジネスのできる状況を作りだす．

(2) 中小企業での企画システム

いきなり大企業と同じシステムを入れても機能しないと思われるので，できるところ，人手や予算の乏しい状態でもできる手法から入り，徐々に拡大する作戦がよい．
① インタビュー調査を全面的に採用する．時間も予算もそうかからないのでスピードをモットーとする中小企業には合った手法である．ただ，司会者や回答者をどうするか，といった問題がある．司会者は商品企画七つ道具セミナーなどで自社員でできる体制をつくるのがベスト．回答者は，近隣に調査会社があればそこに依頼する手があり，お困りの場合は筆者自身も学生や，全国に主婦層の大きなネットワークを有するので対応する．納入先や協力会社，その家族，異業種での知己を頼る手もある．
② アンケート調査は小規模でもよいから実施する．中小企業での企画の最大のウィークポイントは量的な検証が取れない（取りにくい）ことである．ただし，しっかり考えたことがないだけ，というケースも多い．要は工夫である．たとえば
　a．顧客層に該当するなら，自社，他社を問わずその家族にいたるまでアンケートの対象者となる．本シリーズ第2巻を学習して，あまり厳密に考えずにやってみることである．経験を経れば，必ずできるようになる．

b．筆者のゼミのような，大学の経営学，商学，マーケティングの研究室では市場調査は実践的な実習課題となることが多いので，相談してみる．学生の新鮮な意見が（ローコストに）取れる可能性がある．

　c．いくつかの企業がまとまって調査会社と共同契約し，単価を下げてもらう．個々の企業では利用する数が少ないため割高になる．行政機関や商工会議所，商工会，中小企業団体がこのための助力をすることも期待される．

　d．顧客の層が若ければ，インターネットでのアンケート調査を実施する．特定の顧客層がグループでホームページを開設していることもよくあるので，そこから検索すると案外そのネットワークに簡単に到達する．また，懸賞サイトなどには低価でアンケート調査を掲載するところもある．

③　最大のネックになる解析はすべてパソコンソフトで行う．本シリーズ準拠のPLANPARTNERはもちろん，Stat Partner（いずれも，オーハ社のホームページを参照されたい http://www.o-ha.co.jp），日本科学技術研修所のJUSE-QCAS，JUSE-MA（http://www.i-juse.co.jp），Microsoft社のExcelなどで効率的な分析をされたい．最初は集計して比率を出すだけでよい．次にクロス集計にトライし，しだいに枠を広げるとよい．

④　発想法は，アイデアマンのいる企業では不要かもしれないが，特定個人に頼るようでは危うい．何人かがつねに名案をだせる状態にすべきである．そのためには発想法をぜひともきちんと学ばれたい．

⑤　コンジョイント分析はやはりパソコンソフトが必要であるが，アンケート調査ほどのサンプル数は要らないので，ぜひ活用されたい．これのみ実施しても大いに感動するはずである．

4.1.5　サービス業のための企画システム

（1）　サービス業での考え方

サービス業の場合，メーカーと異なり次の特色がある．
①　提供するものがサービスであるために，目に見えない．

もちろん，施設・建物・道具・什器・料理・書類など物理的な物も使われるので，一概にはいえないが，中心はサービス内容そのものである（保険，金融条件，旅行プラン，接客，メニュー，清掃，医療，介護，教育，相談など）．
② サービスはモノではないため，（多くの場合）高度な技術開発の必要がない．そこですぐに真似されることが多い．
③ 人間がそのサービスを提供するため，人の影響を強く受ける．
　人対モノではなく，人対人である．そのために感情とか相性といったきわめて人間的な要素に左右される．

(2) **サービス業での企画システム**

次のような多少の注意が必要である．ただ，基本的な流れはなんら変わることはなく，安心して商品企画七つ道具の標準どおりやればよい．
① 画期的サービスを心がけること．頑固に伝統を守り抜くのも今や画期的なものの1つであるが，他人の思いつかないような，常識をくつがえすようなサービスのアイデアを希求するのがよい．画期的であるほど，簡単には真似しにくい（実現しにくいので）．たとえば，次のような例はどう考えるか．

- 古書店のイメージを塗り替えたブックオフは，本の買い取り価格を明確にし，しかも本の内容ではなく，新しさや汚れ具合で決めるようにした．貴重な本であろうがなかろうが，書き込みがあれば価値は0円である．このため，ベテラン不要の経営ができ，容易にチェーン展開ができた．顧客も安心して本を持ち込み，また安く購入できる．
- ハンバーガーチェーンのモスバーガーは，速い・安いの常識ではなく，待たされるし，安くもない．しかし吟味した素材でその場でつくる味のよさとユニークなメニューで売れている．筆者もファンの1人である．
- 米国のニューヨーク郊外の食品スーパー，スチュー・レナーズは世界一の坪効率（単位面積当たり売り上げ）である．その秘密は，ずばり，「子どもが楽しめるスーパー」．まるでディズニーランドのようなにぎや

かなしかけが施され，外にはミニ動物園．子どもが思わず来たくなるようなスーパーである．これは大人のみの都合を考え，効率をのみ追求してきた通常のスーパーの理念を真っ向から否定する．子どもにせがまれて親が買い物に来る，これはなんとも楽しい光景ではないか．

　発想法は特に重要で，常識を逆転するようなところに活路を見出すべきである．多少の改良版，ちょっと良いアイデア程度では話題にもならない．そのためには「アナロジー発想法」を勧める．逆転の発想を意図的にかつシステマティックに行う手法だから，頭の固い方でも通常の何倍かの効率でアイデアが得られる．

② 　必ずコンジョイント分析で最適サービスとはなにかを抽出する．よくあるように，重視度やチェックポイントを尋ねても，商品としてのサービスは抽象的なため，具体的な組み合わせで表現された全体像を提示しないと評価しづらい．

　　たとえば，観光旅館の例で，
　　a．価格は重要ですか
　　b．自然の景色は重要ですか
　　c．温泉の有無は重要ですか

と聞かれれば，普通はいずれも文句なしにYESであろう．5段階評価ならたいてい「重要」「やや重要」に○を付ける．これらは総論としての（心理的な）重要度であって，個別の「商品」ではない．そこを勘違いしてはならない．私たちが究明すべきは「商品のコンセプト」である．

　　これを，きわめて具体的に，
　　1）　1泊2食付1万円で，眺望なし，温泉なし
　　2）　1泊2食付2万円で，富士山を望む眺望で，温泉つき
　　3）　1泊2食付3万円で，本格懐石料理，日本海に面した豪快な眺望で，部屋ごとに独立した温泉露天風呂つき

の3つを泊まりたい順に並べて，と言われると，真剣に各要素が必要かど

うかを考えるし，考えられる．このようなデータを収集し，解析することではじめて，顧客がなにを優先するかが明確になる．
③ ビジュアル化をはかる．サービスは抽象的で目に見えない．そのためいきおい文章で表現しがちだが，これでは十分にイメージを伝達できない．

②の例の (1)〜(3) にしても，まだ文章であるから自分のもっているイメージで勝手に解釈しがちである．しかし，写真やイラストでその内容のよさを十分アピールすれば顧客は理解できる．誇張があってはならないし，下手なものをつくると逆効果である．たとえば，実際の内容はよいのに，写真のイメージから「こんなところには泊まりたくない」とブレーキをかけてしまうことがある．この面での節度のある工夫がほしい．これはアンケート調査，コンジョイント分析でとくに注意するとよい．逆に，カタログだけ立派でがっかりすると，次にまた来たくはなくなる．

4.1.6 新規事業企画と商品企画七つ道具

ベンチャーや新規事業の成功の鍵を握るものはまさに商品そのものである．いかに資金があり流通チャンネルをもっていても，売れる新商品を企画開発するノウハウがなく，思いつき程度で始めれば必ず失敗する．最初の1〜2年はともかく，長続きしないからである．コンスタントによい新商品を市場に投入するのは並の発想ではできない．したがって，商品企画七つ道具による企画システムを用いてしっかりとしたサイクルをつくるべきである．時間，資金，人などが少ない場合は後述（4.3.3項）の簡略型でよい．とにかく，個人のひらめきに頼るシステムは避けるべきである．

大切なポイントは，採算性である．採算が取れるか否かは，すでにある組織のなかで追加する（会社全体としてはある程度余力がある）場合と新たに組織そのものをつくる（余力がない）場合とでは根底から厳しさが違う．要するにしばらくはそれでもちこたえられるだけの見通しが立つかどうかである．つじつま合わせ的な財務計算よりも重要なのは，とにかく最初の商品が十分商品力があり，最低2年は販売できるかどうかである．同業大手に対しても差別化で

きるほどの独自の工夫・技術があるかどうか．ベンチャー企業がすぐ真似されて潰れたり，思いの外売れなかったりといった話は掃いて捨てるほどある．慎重な調査にもとづく需要予測がきわめて重要である．商品でなく，自己の技術，技能で独立開業する場合も市場（マーケット）の大きさと自己の特技への評価の高低，さらにはPR・営業方法などにより採算の可否が変わる．

もし適切な方向が見出せていないなら，具体的には，P7を援用して次のようにするとよい．

① 自己の強みを活用した強力なアイデアからスタートする．そのためにはアイデア発想法のアナロジー発想法，シーズ発想法，焦点発想法あたりでユニークなアイデアを展開する．
② アイデア選択で自己の強みを活かせるかどうかを含めて採点していくつか（複数案）に絞る．
③ アンケート調査～ポジショニング分析を他社の商品も含めて実施する．なるべく第三者に依頼して客観的に顧客層の意向，評価を収集し，理想ベクトル方向に近い案件を探す（図表4.3）．この図では既存商品A～Dと新しいアイデアP～Rがポジショニングされているが，アイデアRが最

図表4.3 事業案件選択のポジショニング

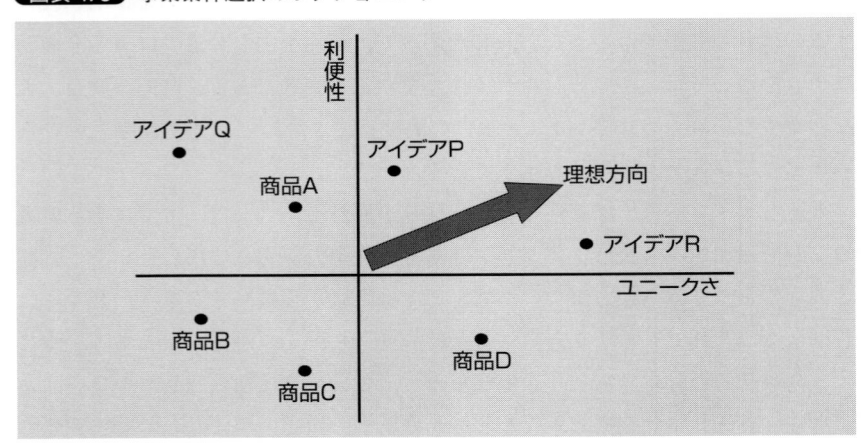

も理想に近く，改良してもう少し利便性を高めれば最適な案になる．しかも他社商品で近いものがない．これは非常に重要な分析になる．
④　選択したアイデアを改良し，できればさらにコンジョイント分析で最大の商品力をもつ事業コンセプトに仕上げる．
⑤　以上③，④で外部評価が難しい場合は社内の者，それでもだめなら独力で実施しなければならない．バイアスが入る恐れがあるので十分注意する．
⑥　事業コンセプトの実現計画を練る．人，資金，場所，設備，スケジュールなど．最近は開業資金の融資条件は計画がしっかりしていれば割合ゆるやかである．

あとはやり通すという強い意思と少々の失敗にもめげない前向きな姿勢，人脈と説得力が必要である．

4.1.7　販売企画と商品企画七つ道具

販売力は商品力と並んで売り上げを規定する第2の要素である．どんなに優れた商品を企画・開発でき，量産体制まで組めても販売体制がおろそかではそこまでの努力が水泡に帰す．その意味では，販売企画（どのように売るか）の重要性は高く，商品企画並に十分な時間と費用を投入して万全の体制で当たるべきである．現実問題として，商品を最もよく知る商品企画担当者が販売面まで企画することもあり，販売担当者と緊密な連携を取ってその商品にふさわしい売り方を一緒に考えることぐらいは最低限必要である．最もやりにくいのは，企画・開発・製造と販売・営業とが機能分化していて，互いにぎりぎりの時間で動いている場合である．次期新商品のコンセプトが伝えられ，考える間もなく製造販売開始になる．これではうまくない．

顧客の側は同じ商品でも販売方法で強いインパクトを受けて購入する．たとえば，発売時の大々的なテレビCM（そのときの俳優，音楽ですら影響するのは周知のとおり），マスコミの紹介記事，キャンペーン，セット販売，店頭での配列方法，POPなど．もちろん，パッケージや商品名も商品力の要素とはい

え，販売時にはイメージを大きく左右する．生産財ではそれほど派手なことはないが，商品のよさを知らせ，使う気になってもらうという考え方はなんら変わらない．

販売は当然顧客本位のものにすべきで，顧客が「これならば買いたくなる」と思う方向を企画しなければならない．売る側の都合で「こうやって売ればコストがかからず効率がよい」「従来の流通チャンネルの意向からするとこうすればよい」式の発想はやめよう．顧客の意向を調査し，従来と異なるアイデアを出し，最適プランにまとめる必要がある．その意味ではP7を活用することが当然可能であり，従来のやり方をシステマティックな頭脳作戦に抜本的に変えるよい契機になる．

進め方のヒントをいくつか示そう．

① 商品企画チームのなかに販売担当者が入り，販売しやすさという面からつねに意見を述べる．とくに価格，デザイン，ネーミング，パッケージ，CM等は後々まで販売に影響する重要な要素なので，強く主張してコンジョイント分析にそれらの要素のいくつかは入れて実施する．

② それが困難なら，商品企画の途中で情報を逐次もらいながら，上記要素について，あるいはさらに別の販売要素を含めて企画する．商品コンセプトがある程度固まったら早めにスタートしたほうがよい．

③ 大切なのは，商品コンセプトに相応しい販売のアイデアを十分練ることと，顧客志向の絞り込みである．そこで，次のステップを提案する．

　　アイデア発想（大量にアイデアを出し合う）
　　　　⇒アイデア選択（実現可能ないくつかの案に絞る）
　　　　⇒アンケート調査（顧客対象にアイデア評価をしてもらう）
　　　　⇒ポジショニング分析（理想ベクトル付近の案を採用）
　　　　⇒コンジョイント分析（その案の変動要素＋その他の変動要素で）

このステップで，従来の殻を破る画期的販売システムやユニークな販売キャンペーンを考案し，アンケート調査＋ポジショニング分析やコンジョイント分析で十分に評価してもらえば，失敗は，まずありえない．ただ，

商品コンセプトがきちんと伝わらないとなかなか実感が湧かないのがこの調査の苦しいところである．最初の段階もできれば試作品を目の前にして担当者が議論を行ったり，顧客に対するグループインタビューからアイデアをだすとよい．アンケート調査もなるべくリアルなイラスト等を用意する．情報が流出する恐れがあるので，多数の回答者を得るのをあきらめるか，ダミーのアイデアを混入する．

④　コンジョイント分析はきわめて重要な役割を演ずるので，なるべくリアルな形で顧客に提示する．要素が多すぎて1つの実験で統括できなければ，ネーミング＋パッケージ，TVCM＋キャンペーン賞品といった具合に分割して行う．直交表に割り付けでき，識別できる属性数は（2水準ずつなら）多くとも10程度である．できれば5～6属性を8枚のカードで並べる方式が顧客の負担が少なく，データの信頼性が高い．

4.2　商品企画とCSとの関係

CS（顧客満足，Customer Satisfaction）が重要なことはいうまでもない．商品企画の立場からは，次のことに留意すべきである．

①　CSが悪いと，どんな商品も再購入されない．

②　CSのよい商品や企業は再購入の候補者となる．ただし，そこにはイメージ的要素が大きく作用するので，必ず再購入されるとは限らない．とくに耐久財は保証できない（図表1.5参照，丸山，神田[42]）．

③　CSのなかでは商品力のウェイトは高い．よいモノやサービスを入手すると，とりあえず満足してしまうものである．

④　CSは商品力以外の要素でも大きく左右される．好きなタレントのCMで中高生が喜んで購入したり，品物はよいのに故障時のサービスが悪くて興ざめになるケースが多々ある．

⑤　CSは時間とともに変化する．感動は購入の重要な要素だが，実は急速に減退してしまうことが多い．CSを長くもたせるには品質の良否こそ重

図表 4.4　感動，CS と売上げの関係

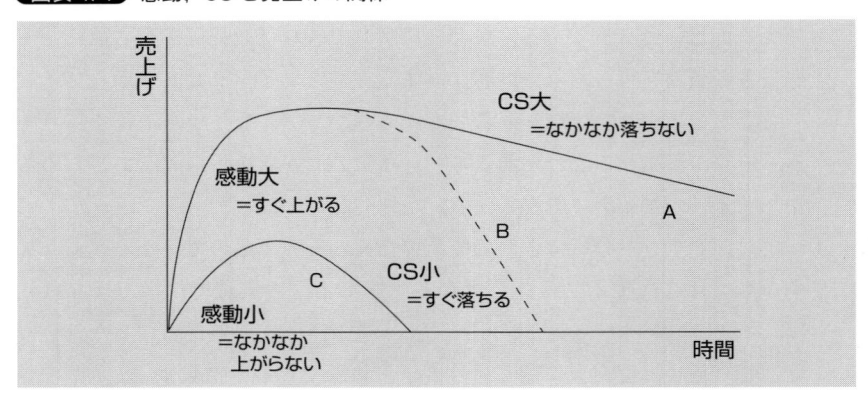

（グラフ：縦軸「売上げ」，横軸「時間」。CS大＝なかなか落ちない，感動大＝すぐ上がる，CS小＝すぐ落ちる，感動小＝なかなか上がらない。曲線 A, B, C が描かれている）

要である．価格も時間が経つと忘れてしまうが，品質は使用時に必ず感ずるからである．

要するに，私たちが狙うべきは，

「感動最大」かつ「CS 最大」の商品

である．前者は多数の人に購入行動を引き起こし，短期間で大きな売り上げをもたらす．後者はそれを持続させ，再購入も引き起こす．

図表 4.4 ではグラフ A が理想的である．B は感動商品ではあったが CS はあまりよくないために早期に売上げが減衰した．要するに品質レベルが低いため商品力全体は小さい．A に比べるとトータルの売り上げはかなり劣る．C は感動も小さく CS も低い．最初から負け犬である．

このように考えると，高 CS 商品の企画は重要である．なかなか売り上げが落ちなければ時間的余裕も生じるので，次の商品の企画開発に十分な余裕をもって臨み，感動高 CS 商品を再び生み出せる．

高 CS 商品をつくれるか否かは，顧客の要求品質レベルを着実に把握し，その層に合わせて最適な企画を行えるか否かで決まってくる．たとえば最高のフル装備パソコンを初心者向きに企画しても使いこなせず「もったいない」で終

わってCSは低い．高級ホテルでも，一般向きの安い宴会パックを上手に企画すれば雰囲気もよく大いに満足感が得られ，次のデートや結婚式はここで……となるであろう．きちんと層別してアイデア発想し，調査確認し，コンジョイント分析で具体案を絞り込むとよい．

4.3 商品企画七つ道具システムの実践的応用

4.3.1 商品企画七つ道具システムの成功事例

商品企画七つ道具システムを活用して企画された事例はすでに多数に上っている．発売された商品での失敗はきわめて少ないはずであるが，成功・失敗を問わずその企画プロセスが公表されるものも少ないため，正確な把握は難しい．詳細な具体的事例は本シリーズ第3巻を参照していただきたい．ここでは，そのなかからいくつかの事例をかいつまんで報告し，今後の参考としたい．

（1） パイオニアのミニ・コンポステレオ

同社ホームエンターテイメントカンパニー（HEC）AVシステムグループシ

写真 4.1 パイオニア・MDX-707（写真 1.6）

ステム企画課では，1998年1月から商品企画七つ道具を用いて商品企画システムの改革に乗り出し，1998年後半発売の商品からその成果が顕著に現れた．同社は老舗のオーディオメーカーで，1990年まではトップシェアを誇っていたが，1998年には売上高で12%（6位）であった．1999年には一転して15.2%に急成長し，1位の座を奪還しそうな勢いである．1999年のMD付きコンポに至っては対前年度比約200%という破竹の進撃を続けた．

商品企画七つ道具を用いて企画された商品はわずか1年間で若者向けのMDX-707，A-55MD，高級仕様のFILL7MDの3機種にのぼり，いずれも好調な売れ行きを示し，とくにMDX-707（写真4.1参照）は圧倒的な人気ナンバーワン機種となった．

パステルカラーの液晶パネルが8色に変化し，その日の気分や曲により切り替えることができる．このユニークなアイデア，超小型のすっきりデザイン，CD（3枚），MD，カセット，FM/AMとすべての音楽ソースを自在に操れる

図表4.5 パイオニアHECにおける商品企画の流れ（新規商品）

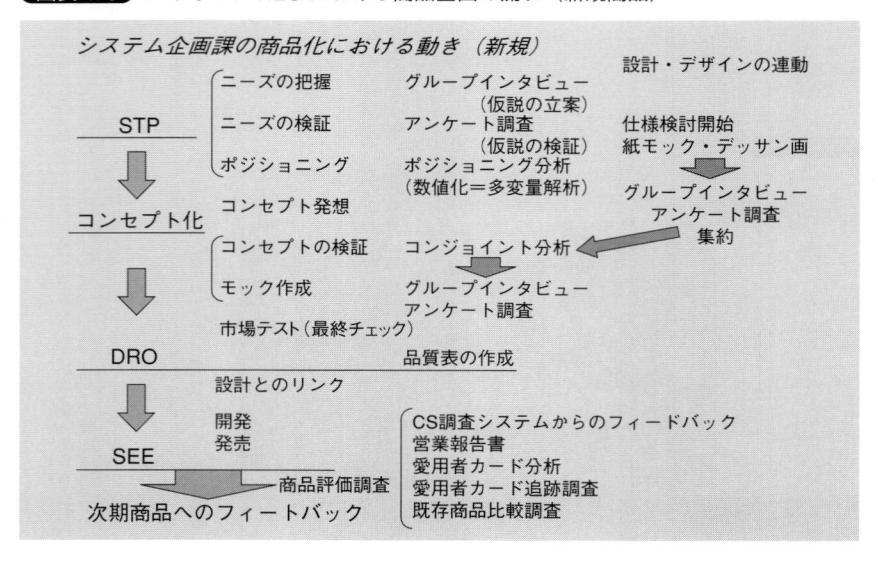

```
システム企画課の商品化における動き（新規）
                                                            設計・デザインの連動
          ┌ ニーズの把握   グループインタビュー
          │              （仮説の立案）        仕様検討開始
  STP ────┤ ニーズの検証   アンケート調査        紙モック・デッサン画
          │              （仮説の検証）
          └ ポジショニング ポジショニング分析
                         （数値化＝多変量解析）  グループインタビュー
            コンセプト発想                    アンケート調査
                                            集約
 コンセプト化
          ┌ コンセプトの検証  コンジョイント分析
          │
          │ モック作成       グループインタビュー
          └                 アンケート調査
            市場テスト（最終チェック）
  DRO ─── 品質表の作成
            設計とのリンク
          ┌ 開発            CS調査システムからのフィードバック
  SEE ────┤ 発売            営業報告書
          │                愛用者カード分析
          └   商品評価調査   愛用者カード追跡調査
         次期商品へのフィートバック  既存商品比較調査
```

機能性など，若者の嗜好を絶妙なバランスで実現したことが光っている．

彼らの企画の流れを図表 4.5 に示す．のべ 150 名（5 名×30 回）にものぼるグループインタビューから仮説を徹底的に追求し，それをアンケート調査で確認する．アイデアを補強し，デザイン側からの調査結果と合わせてトータルでコンジョイント分析を実施してデザイン・機能・価格の最適バランスのパターンを発見し，さらにそれを検証調査で再確認する．一見回りくどいが，商品企画七つ道具の流れに忠実であり，それを自社なりに変形して着々と使ったシステムは実に見事である．

ユニークな変色液晶パネルも実際にはコストアップになる．定価 75,000 円，他社同レベルで比べると 1 万円（若者にはこの差は大きい！）も高いのに，抜群の売れ筋になったのはこの潜在ニーズ（なにか面白い工夫がほしい！）を創造的に顕在化した成果である．当初この提案には懐疑的であった人々も，検証結果で判明した人気の高さには賛同せざるをえなかったようである．商品企画七つ道具の徹底した定性調査＋定量調査の前では，（古い）経験や勘での推測など吹き飛んでしまう．

（2） リコーのデジタル複写機「ＩＭＡＧＩＯ」[34]

このデジタル複写機は商品企画七つ道具の 1 つの手法，「コンジョイント分析」を全面的に取り入れ，顧客志向を貫いた商品として画期的である．リコーは最近，共創（顧客と共に創る）を理念としている．同社は商品企画七つ道具を学び，このなかの「コンジョイント分析」を共創実現のための主要なツールとすることで大きな成功を収めつつある．本商品はその代表的な事例である．

コピーされた用紙が外に排出される従来方式に対して，コピー機本体の内部に排出される方式を企画，スペース効率が格段によくなることを大きなセールス・ポイントとしたデジタル方式の新コピー機を社内で企画提案したが，反対意見もだされ，意思決定が困難な状況になった．その際，コンジョイント分析を数十社に依頼して実施し，顧客の意見を効率よく的確に反映させ大成功を収めた．この詳細は日本品質管理学会第 27 回年次大会で樋口[48]により発表され

写真 4.2 リコー IMAGIO・MF-2200（当時は MF-200）

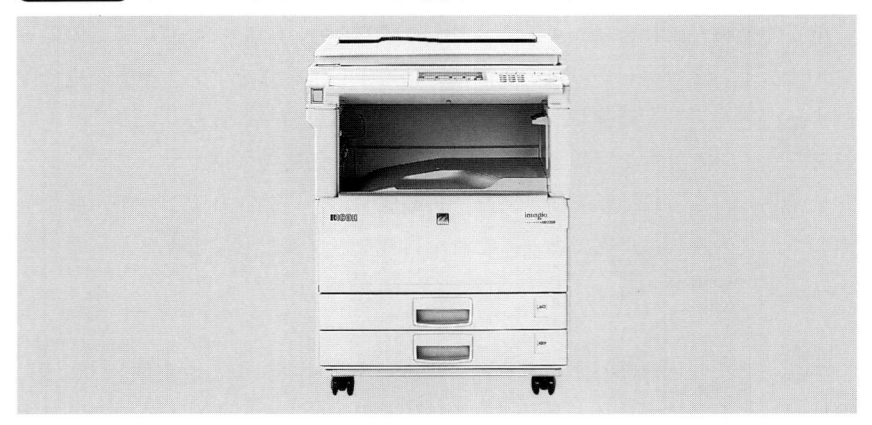

好評を得た．本商品は従来品の 2 倍もの売り上げを示すヒット商品となった．

　次期複写機の企画に当たって，数社に対して訪問インタビュー調査が行われた．グループインタビューのような相乗効果は薄いが本音の意見を現場で採取できる．このなかでスペースに対する不満が多いことに着目した．これをさらに約 100 社に対するアンケート調査で確認し，スペース効率を上げることを主眼とした新商品の企画が行われた．前述のように内部排紙のシステムが提案されたが，コピーが裏向きで排出される点やコストの点で疑問も多くだされた．ユーザーとの共創で解決するため，約 30 社に対してコンジョイント分析を依頼した．いろいろな特性（たとえば本体幅（外部排紙と内部排紙），表面排紙と裏面排紙，コピースピード，消費電力，価格等）を動かして組み合わせた商品コンセプトを何枚かイラストで描いて顧客に提示し，購入したい順に順位をつけてもらう．この順位のデータを解析することによって，特性が各々どのような寄与率をもっているのか，またどの組み合わせが最適なのか一目瞭然で判定できる．この結果狭くとも使用できる「内部排紙」のコンセプトがかなり強い支持を得て，裏面排紙のデメリットを押さえた．

写真 4.3 小林記録紙・ポスト de シール

（3） 小林記録紙のシールハガキ「ポスト de シール」[34]

　小林記録紙は愛知県刈谷市に本社を置く，法人向けの計測記録紙，電算機用各種フォーム，印刷用紙等の専門メーカーで，この種の紙類においては全国的に定評がある．しかし，オフィスの電子化にともない法人需要が低迷し，今後も増大は見込めない．DM 等の社外向けはともかく，社内のペーパーレス化，電子メール化，電子記録化，電子取引化等のすべてが同社には不利な動きとなっている．そこで，1996 年の春から，同社の蓄積技術を活かして，個人向け商品の開発プロジェクトを神田研究室と共同研究で開始した．当然紙を活用し，今後も需要の望める分野ということで，最初のプロジェクトは「パーソナルプリンタ用品」に絞ることとした．

　完成したのは，ハガキにマスクシールと呼ばれる不透明なシールを貼付して郵送する商品「ポスト de シール」である（写真 4.3）．シールの表面とハガキの 2 面に文面や写真等の画像を印刷・記入できるため，従来の 2 倍の情報量を送れること，プライバシーを守れること，また，なによりもシールをはがして現れる写真・イラストなどからの驚きや楽しさは，従来の 1 面のみのハガキではありえない感動を贈ることができ，まさに感動商品である．企業が DM のプ

図表4.6　ポスト de シール企画の流れ

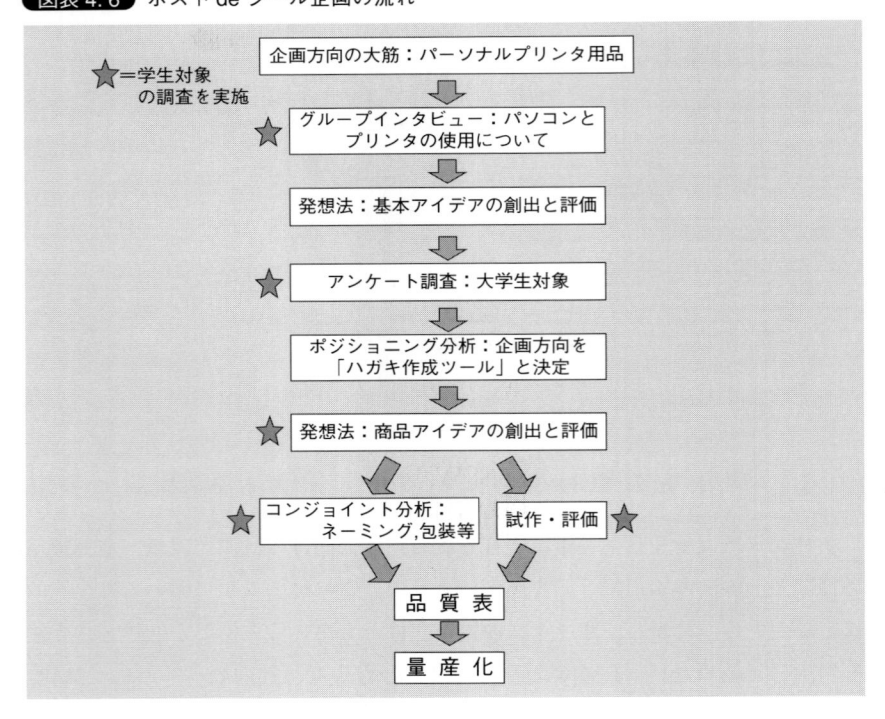

☆=学生対象の調査を実施

- 企画方向の大筋：パーソナルプリンタ用品
- ☆ グループインタビュー：パソコンとプリンタの使用について
- 発想法：基本アイデアの創出と評価
- ☆ アンケート調査：大学生対象
- ポジショニング分析：企画方向を「ハガキ作成ツール」と決定
- ☆ 発想法：商品アイデアの創出と評価
- ☆ コンジョイント分析：ネーミング，包装等
- ☆ 試作・評価
- 品質表
- 量産化

ライバシー保護のためにこの種のシールを貼ることはあったが，隠蔽用であり，積極的に個人が活用するようなセットはない．多少コストがかかるが，企業から得意先へのDMにも効果を発揮しよう．

　小林記録紙では，東京の商品企画部に企画開発関係の担当者を集めて，「商品企画七つ道具」の研修会を開催し，その後，企画担当者でプロジェクトチームを編成，神田研究室の4年次の女子学生が1名加わって，月1回のペースで1996年12月まで研究会を東京で開催し，商品企画七つ道具の推奨プロセスにかなり忠実に従って事例研究を行い，ポスト de シールはそのなかから着実なステップを踏んで生まれた商品である（図表4.6）．主要なユーザー層である学

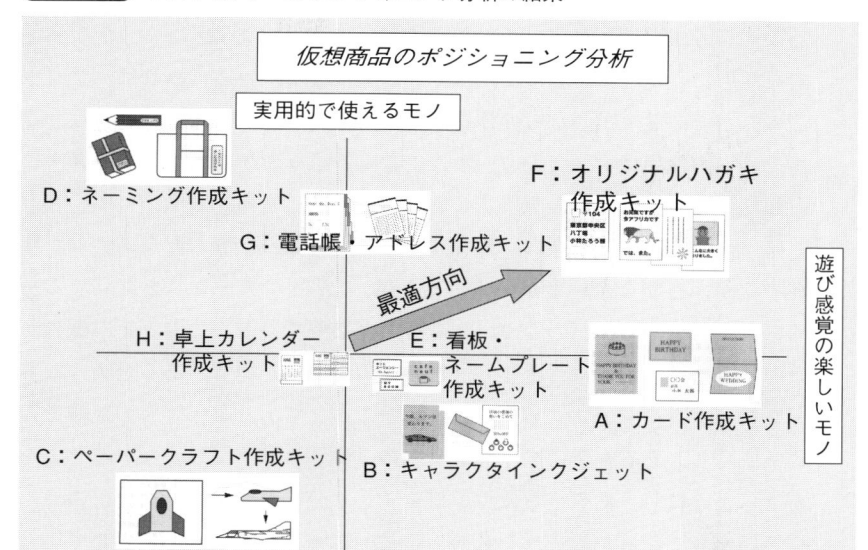

図表 4.7　ポスト de シールポジショニング分析の結果

```
           仮想商品のポジショニング分析
              実用的で使えるモノ
                              F：オリジナルハガキ
                                  作成キット
  D：ネーミング作成キット
              G：電話帳・
              アドレス作成キット          遊
                        最適方向          び
                                         感
                                         覚
  H：卓上カレンダー   E：看板・              の
    作成キット    ネームプレート           楽
              作成キット                 し
                              A：カード作成キット  い
                                              モ
  C：ペーパークラフト作成キット              ノ
           B：キャラクタインクジェット
```

生へのグループインタビューをベースにアイデアを多数創出し，その評価をアンケート調査にて行い，ポジショニング分析でコンセプトの方向づけをした（図表 4.7）

その方向での商品アイデアを出して再び学生に対して検証を行い，さらにはネーミング，包装デザインまでも学生への調査から決定した．つねに担当学生自身がその消費者集団である学生の意見を求めて検証しているため，ほとんど迷いがない．その後品質表の作成，技術的改良を進め，量産体制に入った．現在では販売会社の協力を得て主要なパソコン量販店にて販売している．

4.3.2　商品企画七つ道具システムの導入

商品企画七つ道具システムを商品企画に導入する場合，筆者の指導した範囲では，次のような感触を得ている．

① 成功の確率が 10 〜 20％程度（またはそれ以下）の企業は，もともと企

画システムらしいものが存在しない．あっても抽象的なものであったり，効果的な方法論が取り入れられていない．このような企業ではP7の全面的な活用により確率が2倍またはそれ以上になる．いってみれば，全身療法の採用である．根底からの体質改善が必要である．ただし，いきなりフルセットの活用は大変であり，4.3.3項に挙げるような簡略版からスタートして徐々に拡大するのが望ましい．

② 確率が30%以上の企業は，すでになんらかのしっかりしたシステムが存在するか，有能な企画者がいる．あとは，「常勝パターン」を確立するために，システムを盤石のものにする努力が必要で，どこに弱みがあるのか検討し，適切な治療（おそらく一部のみの療法）を施す．ある企業は顧客の観察とグループインタビューを実施することでもっと顧客との距離を縮めて成功し，ある企業はアイデア発想のトレーニングで良好なアイデアをだせるようにし，ある企業はコンジョイント分析で最適コンセプトの導出に迷いがなくなった．それぞれの症状ごとに補強する手法を選択していただければよい．もちろん複数の組み合わせが必要なことも多い．

③ 組織的には，トップマネジメント層の理解やコミットは重要である．少なくとも，事業部長クラスまでが理解し，推進役に回っていただかないと，やりにくい．それは，多少人手，時間や予算を食うからである．従来「えいっ」と決めていたことをきちんとやろうとするのであるから当然である．商品企画七つ道具で成功率を上げるのか，従来型で確率が悪くとも早く間に合わせるのか，最初はこの二者択一になることが多い．

　慣れてくると，上手に・早くという両者は二律背反ではなくなる．戸惑いや難しさを感ずるのは最初に実施するプロジェクトのみである．2回目，3回目にはかなりスムースに進行し，これが当然という雰囲気ができてくる．そうなればしめたもので，「企画システム」が浸透して，確立されてきたことになる．

④ 筆者が抱く現実的かつ良好な推進方式は次のようである．
　a．商品企画七つ道具システムの導入の決定．とくにトップ層の了承を得

る．
b．企画テーマ，ターゲット層の検討と決定．
c．社内または社外での講演会，研修会，セミナー，研究会などでこの商品企画七つ道具システムを学習する．
d．実践するプロジェクトチームをつくり，中核メンバーをバランスよく選定する．チーム作りがcに先行しても，同時でも構わない．
e．顧客を巻き込んでの共創の方式を考える．学生や主婦層がターゲットなら筆者らのネットワークを大いに利用されたい．
f．顧客とのミーティングを行いながら，順次商品企画七つ道具の手法を適用する．

4.3.3 商品企画七つ道具の簡略・変形版いろいろ

商品企画七つ道具（P7）はフルセットで用いるのが理想的であることはいうまでもないが，これまで述べたように，いろいろな事情で必ずしもすべてをそのまま活用するわけではない．P7ではなくP3やP6でも構わない．要するに大切なのは

「自社の弱点を補強できる手法を発見し，活用すること」

「商品企画を創造的かつ科学的にバランスよく実施できること」

が肝心である．ここでは，いくつかの代表的な簡略版・変形版を挙げ，その得失を理解していただく．これらを筆者が心から薦めるわけではないが，使わないよりははるかに効果を上げ，初心者でも入りやすいことは確かである．なお，いずれも品質表は入っていないが，意図的に抜いたわけではない．採否は自由である．

（1）　定性調査重視型

定量調査を行うスタッフや時間・費用が揃わない場合，定性調査を中心に実施することがある．

① インタビュー調査⇒アイデア発想法

最も文科系・事務系・初心者集団向きの方法である．難しくなく抵抗感な

く，すんなり入りやすい．潜在ニーズの発見とその発展を眼目にする．

意外と多くの企業で使っている単純な流れである．ただ，アイデアの絞り込みや検証が自分たちだけの判断で行われる（またはまったく検証しない）ため，成功率は低い．どうしても思い込みでつくってしまう．

　②　インタビュー調査⇒アイデア発想法⇒アイデア選択法

①よりはアイデア選択に慎重さがでるぶん，成功率は上がる．

（ 2 ）　定量調査重視型

逆に，定量調査を中心にすることがある．

　③　アンケート調査⇒ポジショニング分析⇒コンジョイント分析

仮説がすでにしっかりある場合には方向づけにかなり役に立つ．ただし，深掘りはできないので，仮説が余りない場合は，商品案をいくつか予め構築してその絞り込みを一気に行う，次の④がかなりよい．

　④　アイデア発想法⇒アンケート調査⇒ポジショニング分析⇒コンジョイント分析

（ 3 ）　短期混合型

うまくバランスをとったこの型値も入門向きパターンである．

　⑤　インタビュー調査⇒アイデア発想法⇒コンジョイント分析

大量の調査対象者は不要であり，使いやすい．潜在ニーズを得て画期的アイデアでジャンプし，コンジョイント分析で最適なものを探す．ただ，少数で確認するので，リスクは覚悟しなければならない．

（ 4 ）　徹　底　型

4.3.1項（1）で示したパイオニアの事例が典型的である．

　⑥　インタビュー調査⇒アンケート調査⇒アイデア発想⇒コンジョイント分析⇒インタビュー調査

これはコンジョイント分析で得た結論をもう1度確認と微調整のためにインタビュー調査に（場合によってはアンケート調査にも）かける．かなり念の入った検証スタイルで，ここまでやればまず，百発百中である．多少時間がかかるのが難点ではある．

文科系と多変量解析

「多変量解析」なんて小難しそうな嫌な名前でしょうか．解析と付くだけで文科系の方は嫌がります．それにまるで「食べるな」といわんばかりに，特大クリーム・パフェのごとく「多変量」なるおごそかな修飾語がのっていて，もうお手上げです．こんなもの食べるなら死んだほうがまし，と思われるかもしれません．

それでもなお，多変量解析をぜひ試食していただきたいのです．確かに見かけは悪いが1度食べるとやみつきになってしまいます．なにしろ洋食，和食，中華，いや，違った，要因分析，予測，データ要約，グループ分けとどんなメニューもOK．格段の応用の広さと変数の種類を限定しない自由さは驚くばかりです．

商品企画七つ道具のポジショニング分析はこの多変量解析の「因子分析」と「重回帰分析」を組み合わせたものですし，コンジョイント分析でも数量化Ⅰ類が裏で活躍しています．アンケート調査データの分析でも多変量解析を知るかどうかで獲得できる情報量は数倍異なります．そうそう，今はやりの「データマイニング」など，多変量解析の応用の1つに過ぎないのです．

私は自動車会社などで1980年代の終わりから多変量解析の普及をお手伝いしてきましたが，今や，生産上の課題解決，快適さの追求，自動化設計，デザイン決定，営業活動の改善，CSの要因分析等々，多変量解析にかからないテーマはない，といっても過言ではありません．欠点もあるし，理論は確かに難しいと思います．理科系（技術系）の方でも完全に理解するのに骨が折れる手法です．ところが，文科系（事務系）のほうがデータの種類が多く，活用の必要性が高いのです．企画はもとより，人事，営業，販売，経理など，どこでもデータの山です．しかも，その山に埋もれて整理できないのです．P7をマスターしながら，パソコンソフトでぜひ多変量解析にもトライしてみてください．　　　（神田）

付録
商品企画七つ道具小史

TQMと商品企画七つ道具

＜最初の話＞

　1991年頃，QCの総本山である（財）日本科学技術連盟の支援の下に東京大学の飯塚悦功助教授が中心になって組織したTRG（TQC Research Group）は従来のTQC（全社的品質管理）の枠を越えた新たなTQCのパラダイム構築を目指し，研究活動を続けてきた．筆者はこのなかで「商品企画とマーケティング」の課題を担当，当初はマーケティング・サイエンスなどの周辺分野の研究のみを単独で続けてきたが，約2年経過して下記の有志メンバーとともに「商品企画とマーケティング」ワーキンググループ（以下WGと略す）を組織した．

　長沢伸也氏（当時亜細亜大学，現立命館大学）
　今野勤氏（当時ヤマハ発動機㈱，現龍谷大学）
　岡本眞一氏（東京情報大学）
　大藤正氏（玉川大学）

　このWGは従来のQCやマーケティングの枠組みにとらわれず，真に顧客が望む商品ニーズを捉え，そこから優れた商品コンセプトを開発する方法を提案することをめざしてきた．この目的達成には単一の手法では困難であるので，商品企画に有用な手法を広く調査した上で七つの手法に精選・整理し，

　　「商品企画七つ道具（以下P7と記す）」

と命名して世に問うこととした．なお，P7のPはもちろんPlanningの意である．7つである必然性はあまりないが，6つや8つにするなら7つの方が語呂がよく覚えやすい．QCで著名なQC七つ道具（Q7），新QC七つ道具（N7）を意識したのも確かである．

　1993年4月のTRGワークショップ（（財）日本科学技術連盟主催,非公開）で筆者（神田）[18]は商品企画七つ道具の最初の原型となった素案を提示し，諸兄の意見をいただい

た．その反省の上に立って，また，神田が実施した，調査企画会社と製造業数社の企画担当者へのインタビュー調査の結果を踏まえて，2年間のWGでの議論の成果を1994年6月25日，第1回TRGシンポジウム[19]（(財)日本科学技術連盟主催，公開[1]）で提案した．まだまだ十分とは思えない点もあったが，幸いにも多くの出席者の方々の賛同と今後への熱い期待をいただいた．また，さらに同年7月～12月の『品質管理』誌[20]，同年の『品質月間テキスト』[21]，1995年5月の第49回日本品質管理学会研究発表会[22]でも発表した．同年11月には，日科技連出版社から『商品企画七つ道具－新商品開発のためのツール集－』[23]を出版，幸いにも好評をいただいた．本書の原点となった，最初の詳細なテキストである．1996年9月には同学会で「商品企画のシステム化への道」と題したシンポジウム[27]を開催．企画のシステム化の手法としての有効性を理解していただいた．また，1998年には『日経ビジネス』誌での紹介[31]，リコーの事例を多数収録してのコンパクトな解説書[33]出版，1999年には日経産業新聞[35]での紹介と進んできている．

　品質管理分野からこのような提案が出ることに奇異な感じをもたれる方も多いと思う．特にQCになじみのないビジネスマン諸氏にはその傾向があるかと思うので少し説明しておこう．奇異に感じるのはQC＝製造業の，製造工程での管理技術という固定観念があるからである．最近のQCは「仕事の質を高める」，いわば「品質」というよりは企業内の活動のあらゆる「質」を問題とし，それをいかに高めるかをテーマにしている．営業活動の質，企画の質，教育の質といった具合である．「品」という単語を含む品質が"Quality"の訳語として使われたのは，QCがアメリカから輸入された戦後間もない頃の日本の状況と密接に関係する．製造品に不良が多く，いかに不良率を世界に通用する程度にまで下げるかが大問題であった時代である．品物の質が上がってくると，しだいに特定の部署だけが努力しても限界があることがわかり，全製造工程でQC活動に取り組むようになる．さらに，世界に誇れるレベルになってくると，次の目標は全社的にすべての仕事の質を高めようという運動に変化する．その機運を高めるものとして，日本に統計的な手法を紹介したアメリカの故E. W. デミング博士の名前を取ったデミング賞が制定され，多くの製造業企業がこの賞を受けてきた．

　かくして品質という言葉自体がもはや古すぎて時代に対応しなくなってしまった．製造業では企業内のあらゆる質を対象にするためにTQM（Total Quality Management）という呼び名が今や常識である．サービス業にも少しずつ拡大している．アメリカでは自動車メーカーから始まってあらゆる製造業はもちろんのこと，行政，医療，福祉，教育機関など多数のサービス産業までがこぞってTQM活動に参画して，すっかり日本のお株を奪ってしまった．これがアメリカ経済の強さを根底から支えている．GEの圧

倒的な強さの裏にはウェルチ会長のトップダウンによる「6シグマ運動」という徹底した新しいタイプのTQM活動があることを御存知であろうか.

さて，そうはいっても商品企画の質の改善まではさすがにQC界でも優れた提案はなかった．TQMには「方針管理」という手法があり，方針が示されたらそれをいかに着実に，効率的に実行するかは得意である．製造現場サイドでは小集団活動として「QCサークル」が活発に行われている．また，設計のツールとして「品質機能展開」という手法があり，顧客ニーズを設計の用語に確実に変換する手法も開発されてきて，欧米にも輸出されている．研究開発を効率的に行うのに，田口玄一氏の提唱した「田口メソッド」も有名になり，アメリカのビッグスリーの自動車メーカーを始め各地で応用されている．これらの手法はいずれもが欧米企業の商品の品質を高め，効率を高め，製造業を復活させた大きな要因である．しかし，それでも「何を」次に作るべきか，という商品企画については明確な手法が世界中のどこにもなかった．マーケティング界でも個々の手法の研究は微に入り細に渡ってなされても，全体としての明確かつ統一的な流れを作った「商品企画システム」という形での提案はない．灯台もと暗し，である．

本書でP7の最後に「品質表」を置いたのはもちろん偶然ではない．有力な商品開発手法である品質機能展開でも，顧客ニーズを求めるのは容易ではなかったからである．P7では，

- インタビュー調査からコンジョイント分析までで品質表に入れるべき要素とそのウェイトを明確に求める
- それによって品質表，そこからつながる「品質機能展開」全体の価値を　大いに高める

ことを意図している．つまり，品質表へのインプット（input）を従来より創造的で顧客のニーズに近いものにする，という目的を当初からもっていた．

＜2000年改訂の意義＞

さて，1994年の公表から4年経過した1998年，P7の著者らが中心となりP7の改訂版作成に着手した．そのきっかけは冒頭のTRG（今回はTQM Research Group）が再組織され，WGで議論するテーマの1つにしたからである．

この5年間に，筆者はのべ100回以上に及ぶ講演，セミナーでP7の有効性を訴え，多くの企業から賛同をいただいた．幸い神田ゼミには商品企画を動機として成城大学を受験する熱心な学生が参集し，年間10件以上の商品企画プロジェクトを企業の方と一緒に実施するに至った．実践で活用する場が際だって豊富になり，また他の著者も様々な経験を積んできた．このようななかで，次の諸点が改善すべきポイントとして明らか

図表 A.1　P7-1995 と P7-2000

旧版 [P7-1995]		改訂版 [P7-2000]
グループインタビュー	増強	インタビュー調査 ・グループインタビュー ・評価グリッド法
アンケート調査		アンケート調査
ポジショニング分析		ポジショニング分析
発想チェックリスト	再編	アイデア発想法 ・アナロジー発想法 ・焦点発想法，チェックリスト発想法，シーズ発想法
表形式発想法 ・組み合わせ発想法 ・アナロジー発想法 ・シーズ発想法		
コンジョイント分析	新設	アイデア選択法 ・重み付け評価法 ・一対比較評価法（AHP）
品質表		コンジョイント分析
		品質表

になってきた．

① グループインタビューはきわめて役に立つ反面，一般の製造業の方が直ちに活用するには特に司会者が養成しにくい．外部に依頼するのは大きな会社ならよいが，なかなか難しい（特に大都市圏以外ではプロがいない）．

そこで，グループインタビュー以外に，誰でもできて，一定の成果の期待できる手法として「評価グリッド法」を導入し，2手法合わせて「インタビュー調査」と名称を変更した．

② 発想法の「発想チェックリスト」は他の手法と比し内容が小さく，同列にならない．発想法は1つにまとめた方がよい．

③ 表形式発想法の「組み合わせ発想法」は余り使わない．むしろ「焦点法」が簡便ながら効果的である．内容を再構築すべきである．

④ 発想法で良いアイデアがたくさんでても，これを絞り込むプロセスが難しい．アイデアを評価し，選択する方法として AHP のような最新の科学的手法を活用してはどうか．

そこで，P7 の中身を図 A.1 のように改訂し，区別する場合は旧版を P7-1995，改訂版を P7-2000 と称することとした．

これにより，不足が補われ，手法間のバランスが非常に良くなったために，モジュー

ル的に活用するのも楽になってきた．しかも思想，技術両面にわたり旧版の意図は完全に継承されている．

また，テキストとしての改善事項として次の点が上がった．

⑤　これらにともなってソフトウェア PLANPARTNER も改訂し，より連携効果を発揮できるようにする．

⑥　「企画システム」という特徴を明確にするため，各手法のインプットとアウトプットをきちんと整理すべきある．

⑦　解説用事例も仮想事例よりさらにリアリティあるものに取り替えたい．

⑧　パイオニア，リコーなどでの優秀活用事例が公表されたので，事例編を新たに作ってはどうか．手法の解説編や概論も各々 1 冊にまとめた方が使いやすい．

以上の背景から本シリーズが新たに書き下ろしで執筆されることとなった．著者一同努力はしたが，期待に応えられたか否かは読者諸兄の判断に委ねるしかない．

神田ゼミと商品企画

商品企画を志す者の登竜門，神田ゼミナールに入るにはなかなか厳しい審査があります．なにしろ人気ゼミ（?）ですから，まず，第1段階の面談．事前に書く調査書で商品企画アイデアを出したり，自己アピールする能力が問われます．会いに行くと，口調は優しいがとことん脅かされます．きついぞ，厳しいぞ，難しいぞ，忙しいぞなどと教授，先輩から脅迫されます．それでもどうしてもやりたい，という根性のある学生だけが正式な申込みをだすのです．この段階で，本人の「潜在ニーズ」に適合しても「やる気不足」であきらめる者が結構です．第2段階はなんと筆記十面接の試験．筆記は算数やら自己アピールに加えて変な問題がでます．なにしろ「創造的に」答えなければならないから厄介です．

・空はなぜ青いのか
・鳥はなぜ空を飛ぶのか
・海の水はなぜ塩辛いのか
・つまようじの新しい使い方を10通り考えよ
・○と△はどちらが優れているか

などの珍問にその場で瞬時に回答を出さなければなりません．面接は教授と先輩数名とを相手に1人で渡り合う度胸も試されます．こうして晴れて合格となった才能豊かな学生は2年次から3年間，商品企画と商品企画七つ道具にどっぷり浸かって社会へと巣立っていきます．今は才媛女子学生がひしめく華やかな神田ゼミであります（おっと，男子への差別かな）．ぜひ楽しい神田ゼミのホームページ（http://www2.justnet.ne.jp/~kansemi）にアクセスしてください． （神田）

参 考 文 献

〈一般的文献〉

[1] Kotler, Philip(1991)： *Marketing Management : Analysis, Planning, Implementation, and Control*（Seventh Edition）, Prentice-Hall, Inc., 村田昭治監修, 小坂恕他訳（1996）：『マーケティング・マネジメント第7版』, プレジデント社.

[2] Peters, Tom（1994）： *The Pursuit of Wow!*, Vintage Books, Random House Inc. 平野勇夫訳（1995）『トム・ピーターズの経営創造』, TBSブリタニカ.

[3] 石井淳蔵（1993）：『マーケティングの神話』, 日本経済新聞社.

[4] 片平秀貴（1987）：『マーケティング・サイエンス』, 東大出版会.

[5] 片平秀貴（1991）：『新しい消費者分析・LOGMAPの理論と応用』, 東大出版会.

[6] 玉城芳治（1990）：『マーケティング分析』, 同友館.

[7] マネジメント・ネットワーク編（1995）：『顧客創造のためのマーケット分析法, 日刊工業新聞社.

[8] 長沢伸也（1994）：「マーケティングと品質管理と新製品開発」,『品質』, Vol. 24 No. 3.

[9] 長沢伸也（1998）：『おはなしマーケティング』, 日本規格協会.

[10] 武藤真介, 朝野煕彦（1986）：『新商品開発のためのリサーチ入門』, 有斐閣.

[11] 二木宏二, 浅野煕彦（1991）：『マーケティング・リサーチの計画と実際』, 日刊工業新聞社.

[12] 高橋憲行（1992）：『企画大事典』, KKベストセラーズ.

[13] 中山正和（1992）：『創造工学入門』, 産能大出版部.

[14] 桂文珍（1993）：『落語的学問のすすめ』, 新潮社.

[15] 狩野紀昭, 瀬楽信彦, 高橋文夫, 辻信一（1984）：「魅力的品質と当り前品質」,『品質』, Vol. 14 No. 2.

[16] 納谷嘉信, 諸戸脩三, 中村泰三（1997）：『創造的魅力商品の開発』, 日科技連出版社.

[17] ドン・クロージング, 富士ゼロックスTQD研究会訳（1996）：『TQD品質・速度両立の製品開発』, 日経BP社.

〈P7 関係・総論〉

[18] 神田範明，岡本眞一，大藤正，長沢伸也（1993）:「商品企画とマーケティング」，『TRG ワークショップ報告集』，日本科学技術連盟．

[19] 神田範明，今野勤，岡本眞一，大藤正（1994）:「商品企画七つ道具の提案」，『第1回 TRG シンポジウム予稿集』，日本科学技術連盟．

[20] 神田範明，長沢伸也，今野勤，岡本眞一，大藤正（1994）:「活用シリーズ『商品企画七つ道具の提案』」，『品質管理』，Vol. 45 No. 7～12，日本科学技術連盟．

[21] 神田範明（1994）:「商品企画の新たな展開に向けて―商品企画七つ道具の提案―」，『品質月間テキスト』，No. 244，品質月間委員会．

[22] 神田範明，岡本眞一，大藤正，今野勤，長沢伸也（1995）:「商品企画のシステム化について―『商品企画七つ道具』の提案―」，『日本品質管理学会第 49 回研究発表会予稿集』．

[23] 神田範明編，大藤正，岡本眞一，今野勤，長沢伸也（1995）:『商品企画七つ道具―新商品開発のためのツール集―』，日科技連出版社．

[24] Noriaki KANDA et al. (1996): *The Seven Tools for New Product Planning (I) ― Proposal ―*, Proceedings of International Confer-ence on Quality 96 ― YOKOHAMA.

[25] Shin'ya NAGASAWA et al. (1996): *The Seven Tools for New Product Planning (II) ― Details ―*, Proceedings of International Confer-ence on Quality 96 ― YOKOHAMA.

[26] Kazuhiko MARUYAMA et al. (1996): *The Seven Tools for New Prod-uct Planning (III) ― Application ―*, Proceedings of International Conference on Quality 96 ― YOKOHAMA.

[27] 神田範明（1996）:「商品企画のシステム化への道」，『日本品質管理学会第 63 回シンポジウム予稿集』．

[28] 神田範明（1996）:「商品企画に関する実態調査―商品企画研究会中間報告―」，『日本品質管理学会第 26 回年次大会予稿集』．

[29] 神田範明（1997）:「商品企画のシステム化に向けて―商品企画研究会終了報告―」，『日本品質管理学会第 55 回研究発表会予稿集』．

[30] Shin'ya NAGASAWA et al. (1997): *The Seven Tools fo New Product Plan-*

ning, Proceedings of the 14th International Conference on Production Research.

[31] 神田範明（1998）：「売れる新商品を企画する7つの手法」，『日経ビジネス』，1998年3月2日号，日経BP社．

[32] 神田範明（1998）：「TQMとP7（商品企画七つ道具）―体質強化のための二つの処方箋―」，『TRI-VIEW』，1998年3月号，㈱東急総合研究所．

[33] 神田範明，樋口正美（1998）：『共創時代の商品企画ガイド』，産能大学出版部．

[34] TQM委員会編著，神田範明，他（1998）：『TQM―21世紀の総合『質』経営―』，日科技連出版社．

[35] 神田範明（1999）：「深慮実践・感動商品への道（全9回）」，日経産業新聞．

[36] 神田範明，大藤正，岡本眞一，今野勤，長沢伸也，丸山一彦（1999）：「新・商品企画七つ道具の提案」，『日本品質管理学会第29回年次大会予稿集』．

[37] 神田範明（1999）：「P7による感動商品の企画」，『ENGINEERS』，No. 614，1999年12月．

[38] 神田範明（2000）：「ヒット商品づくりの最強方程式」，『経営者』，Vol. 46 No. 3，日本経営者団体連盟．

〈P7各論・事例〉

[39] 讃井純一郎，乾正雄（1986）：「レパートリー・グリッド発展手法による住環境評価構造の抽出：認知心理学に基づく住環境評価に関する研究（1）」，『日本建築学会計画系論文報告集』，367号．

[40] 讃井純一郎（1995）：「ユーザーニーズの可視化技術」，『企業診断』，1995年1月号．

[41] 神田範明，丸山一彦（1998）：「商品企画成功度に影響を及ぼす要因の解析―商品企画に関する実態調査より―」，『日本品質管理学会第28回年次大会予稿集』．

[42] 丸山一彦，神田範明（1999）：「商品再購入と顧客満足度の因果関係について」，『品質』，Vol. 29 No. 3．

[43] 神田範明（1994）：「商品企画のための発想法」，『品質』，Vol. 24 No. 3．

[44] 神田範明，他（1990～1998）：「アンケート調査とその解析に関する―考察Ⅰ～Ⅷ」，『日本品質管理学会研究発表会予稿集』．

[45] 神田範明（1999）：「企画力向上のためのP7教育―商品企画七つ道具による演習

を中心として―」,『日本品質管理学会第 61 回研究発表会予稿集』.
[46] 神田範明（1997）:「商品企画七つ道具を活用した業務パッケージの商品化について」,『日本品質管理学会第 27 回年次大会予稿集』.
[47] 小野木昌平，山本一美，松岡万利子，神田範明（1998）:「商品企画七つ道具による新市場創造―パーソナルプリンタ用品の開発事例―」,『日本品質管理学会第 58 回研究発表会予稿集』.
[48] 樋口正美，轡田正郷，小櫃知克（1997）:「コンジョイント分析を活用した商品企画・開発」,『日本品質管理学会第 27 回年次大会予稿集』.

索引

■英字

AHP　*93*
CS　*127*
JUSE-MA　*120*
JUSE-QCAS　*120*
KKD　*12*
P7-1995　*144*
P7-2000　*56, 144*
PLANPARTNER　*99, 120*
SQC　*20*
Stat Partner　*120*
TQM　*20, 142*
TRG　*139*

■あ行

アイデア　*46*
　――選択法　*59, 92*
　――発想法　*59, 85*
アナロジー　*88*
　――発想法　*87*
アンケート調査　*59, 76*
意察　*117*
一対比較評価法　*60, 93*
因子得点　*83*

因子分析　*83*
インタビュー調査　*57, 70*
売れない商品　*5*
売れる商品　*5*
SQCツール　*20*
応用型発想法　*86*
重み付け評価法　*60, 92*

■か行

改良型発想法　*86*
革新型発想法　*86*
カスタマー・サティスファクション　*27*
カスタマー・ディライト　*27*
価値　*32*
感動　*33*
感動商品　*27*
　――の公式　*28*
関連性マップ　*78*
企画システム　*12*
聞き取り調査　*116*
技術特性展開表　*104*
期待項目展開表　*104*
QC七つ道具　*20*
共通因子　*83*

寄与率　99
グループインタビュー　57, 71
クロス度数集計　78
効用値　99
顧客　44
　──満足　127
コンジョイント分析　60, 98
コンセプト　45, 46

■さ行

最適化のステップ　55
最適コンセプト　100
サービス業での企画システム　121
サンプリング　77
CSポートフォリオ　80
シーズ　89
　──発想法　89
システム　12, 112
上質型商品　9
焦点発想法　88
商品　45
　──コンセプト　45
　──力　29
商品企画　44
　──研究会　49
　──システム　112
　──成功度　52
　──の現状と成功の条件　49
商品企画七つ道具　53, 141
　──小史　141

新規事業企画　123
心察　117
心理不況　9
水準　46, 99
スネークプロット　80
スペック　45
生産財の商品企画　114
生産財メーカーでの商品企画システム　115
贅沢不況　9
製品　45
　──企画　45
潜在ニーズ　34
　──適合性　34
相関係数　80
創造性　34
属性　46, 99

■た行

多変量解析　38, 83
短期混合型　138
チェックリスト発想法　88
中小企業での企画システム　119
調査のステップ　55
直交配列表　99
直交表　99
強み技術　116
定性調査重視型　137
定性的調査　37
定量調査重視型　138

定量的調査　37
徹底型　138

■は行

発想のステップ　55
販売企画　125
販売力　30
P7　55，141
　　——の簡略・変形版　137
評価グリッド法　59，71
評価構造図　73
標準偏差　79
品質　32
　　——表　60，103
負のスパイラル　10
プラスの個人主義　19
平均値　79

偏相関係数　80
ベンチマーキング　18
ポジショニング分析　59，83

■ま行

マイナスの個人主義　19
マーケティングセンス　14

■や行

要因解析　80

■ら行

ラダーリング　72
理想ベクトル　83
リンクのステップ　55
6シグマ運動　143

著者紹介

神田 範明（かんだ のりあき）
　1949年，東京に生まれる．1974年，東京工業大学工学部経営工学科卒業．1979年，同大学大学院博士課程修了．現在，成城大学経済学部経営学科教授．主著に『商品企画七つ道具』（共著），『共創時代の商品企画ガイド』，『文科系のためのデータ分析入門』（共著），ほか．〈連絡先〉
　〒157-8511　世田谷区成城6-1-20　成城大学　経済学部　TEL03-3482-1181（代）
　　E-mail：kanda@seijo.ac.jp　　URL：http://www2.justnet.ne.jp./~kansemi

商品企画七つ道具実践シリーズ第1巻

ヒットを生む商品企画七つ道具 はやわかり編

2000年 6 月26日　第1刷発行
2005年 3 月18日　第6刷発行

著　者　神　田　範　明
発行人　小　山　　薫

発行所　株式会社 日科技連出版社
〒151-0051　東京都渋谷区千駄ケ谷5-4-2
電話　出版　03-5379-1244
　　　営業　03-5379-1238～9
振替口座　東京　00170-1-7309

検印
省略

印刷　三　秀　舎
製本　三　秀　舎

Printed in Japan

© *Noriaki Kanda 2000*
ISBN4-8171-0332-9
日科技連出版社ホームページ　http://www.juse-p.co.jp/

商品開発マネジメントの本

飯塚悦功 監修　神田範明 編著
大藤正，岡本眞一，今野勤，長沢伸也 著
商品企画七つ道具
――新商品開発のためのツール集――

本書は，独創的で"売れる"商品を企画するための方法として開発された「商品企画七つ道具」の全体像とシステムの考え方，活用の手順を実践的に解説．TQM（TQC）とマーケティングの融合をはかる注目の一冊．

Ａ５判　260頁　本体 3000円

納谷嘉信，諸戸脩三，中村泰三 著
創造的魅力商品の開発
――TQMの新たな展開――

独創的魅力商品のコンセプトを発掘し具体化するまでの創造的プロセスと，その開発・上市にいたる高効率化システムの両者を総合化した開発システムのアプローチを提案している．実践事例としてアイシン・エイ・ダブリュ（株）とシャープ（株）両社の成果を収めている．

Ａ５判　280頁　本体 3200円

高橋富男，原健次 著
新商品開発マネジメント
――効率化追究の戦略と実践――

いま，企業にはオリジナリティがあり，かつタイムリーでスピーディーな新商品開発が求められている．本書は，企業の研究開発の第一線で活躍されている著者らが，創造的な研究開発の効率化をはかって商品開発のスピードを上げるための実践的な考え方と方法を実施例に基づいて提示している．

Ａ５判　216頁　本体 2600円

久米均 著
設計開発の品質マネジメント

設計開発，新商品開発の革新をはかるためのマネジメントの意識改革，しくみの構築，ツールの活用など，設計開発マネジメントの全体像を提言．マネジメントのツールである品質表（QFD），デザイン・レビュー，PDPC法，FMEA，FTAならびにコンカレント・エンジニアリングなどを，最新事例に基づいて活用・運用の生きたノウハウを具体的に解説．

Ａ５判　334頁　本体 3900円

東岡卓三 著
TQCを活用した
新製品開発
――全部門参加型のシステムの構築――

新製品が成功するための条件とは何か？　その条件をどのようなシステムに構築するのか？　開発担当の副社長などを経験した著者が，新製品開発の方針管理や機能別管理などのTQCを推進することによって構築した，全部門参加型の新製品開発のシステムを実践的に示す．

Ａ５判　246頁　本体 2913円

芹沢良夫 編
開発最重点で世界に飛躍
――経営革新の実践哲学――

日米合併の後発メーカーであったジャトコ（'92デミング賞受賞）のAT（自動車用自動変速機）をいかにして世界のトップブランドにしたのか，著者自らが経営を振り返り，役立った経営合理化の技術と経営の実践哲学を明らかにしている．産業現場の第一線に立つ人々に助言と希望を与えてくれる一冊．

四六判　256頁　本体 1845円

★日科技連出版社の図書案内はホームページでご覧いただけます．　http://www.juse-p.co.jp/
★お求めは最寄りの書店または小社営業部☎03(5379)1238，FAX03(3356)3419へご注文ください．

商品企画七つ道具（P7）セミナー入門コースのご案内
—感動商品創出ツール—

ヒット商品を生む七つ道具!!

顧客に感動を与える商品を企画するためには，創造性と確実性のバランスが非常に重要なファクターとなりますが，商品企画七つ道具セミナーは，

1) システマティックな調査で顧客のニーズをつかみ
2) 発想法で画期的な商品を創造し
3) 顧客にとって最高の選択を最適化手法で行い
4) 技術との橋渡しを行う

といった4つのプロセスを，次の7つの手法を活用してわかりやすく説明します。

① インタビュー調査	② アンケート調査	③ ポジショニング分析
④ アイデア発想法	⑤ アイデア選択法	⑥ コンジョイント分析
⑦ 品質表		

● セミナーの特色
(1) グループ演習を特に重視し，現実の企画プロジェクトをシミュレーション的に演習で実施し，手法を体得．
(2) P7手法を使用した成功事例を数多く紹介
(3) P7パソコンソフト『PLANPARTNER』を使用し，パソコン演習を実施

● 参加対象
企画（事務系）・設計（技術系）などのスタッフ，管理者の方（業種は問いません）
※製造業はもちろん新しいサービスを企画したいサービス業の方も歓迎いたします．

☆開催要領と開催地
前期・後期各2日間のセミナー，年2回開催，東京・日本科学技術連盟で開催．

● お問い合わせ先
（財）日本科学技術連盟 事業部 クオリティマネジメント課
〒166-0003　東京都杉並区高円寺南1-2-1
TEL：03-5378-9814　FAX：03-5378-9842
E-mail：jusetqm@a1.mbn.or.jp　URL：http://www.juse.or.jp/

商品企画七つ道具ソフトウェアのご案内

本シリーズ（商品企画七つ道具実践シリーズ）で解説する商品企画七つ道具（P7）は，次のソフトウェアで活用できます．

商品企画七つ道具実践ツール
PLANPARTNER/V2 for Excel
（プランパートナー　標準価格：29,800 円）

商品企画七つ道具
- ① インタビュー調査
- ② アンケート調査
- ③ ポジショニング分析
- ④ アイデア発想法
- ⑤ アイデア選択法
- ⑥ コンジョイント分析
- ⑦ 品質表

※ PLANPARTNER for Excel は Excel97 または Excel2000 で動作するアドインソフトウェアです．

本ソフトウェアの無料お試し版がオーハのホームページからダウンロードできます．また本ソフトウェアの詳細については，オーハのホームページにてご確認ください．ホームページがご覧いただけない場合は，オーハまで直接お問合せください．

http://www.o-ha.co.jp

● 問い合わせ先
　有限会社 オーハ
　東京都中央区銀座 1－13－3 泰慈ビル 7F
　TEL： 03-5159-0315　　FAX： 03-5159-0316
　e-mail： info@o-ha.co.jp